美女と野獣

美女と野獣

マイケル・タウシグ
上村淳志・田口陽子・浜田明範訳

水声社

本書は
《人類学の転回》叢書の一冊として
刊行された。

バーテンダーの笑みが大きくなった。この男の醜いことは伝説ものだ。金さえ出せば美が購《あがな》える時代だというのに、この男の美しくないことといったら、紋章めいてすらいる。

——ウィリアム・ギブソン『ニューロマンサー』(一)

目次

まえがき

コロンビアの美容整形《コスメティック》――本書では「宇宙整形《コズミック》」と呼ぶ――が話題になる際に、どうして患者の死や身体損傷がこれほどまでに好まれるのだろうか。この疑問を通して、本書『美女と野獣』は暴力と美の関係性について検討する。今日私たちを取り巻く世界では、性的魅力と恐怖が手を携えて存在しているのみならず、相互に力を高めあってさえいるからである。
したがって、この問いについて私がおとぎ話調で書くことを選んだのは、現実やそれが持つ美の躍動をないがしろにするためではなく、むしろ強調するためである。というのも、恐怖の核心には強力な美学があるのではないだろうか。喉をかき切る民兵、たちの悪い麻薬密売人《ナルコ》、ストリートギャングはありうるすべてのルールをあざ笑っているが、その姿は魅力にあふれていないだろうか。民兵やナルコのおなじみの華々しいイメージにはカリスマ性と憎悪が入り混じるが、このイメージは彼らの携えている美女や美しい馬、ずらっと並んだ荘厳な黒のSUV車といったものと調和している。スラム街にいるギャングは当然そこまで洗練されているわけではないが、彼らは自らのモーターバイクと夢を持ち、同じように身体切断という凄惨な技術の恩恵を受けている。とはいえ、言葉遣い、髪型、服装や着発式手榴弾で新しいことを生み出すことにかけては、むしろトップにいる本当に悪い奴らよりも長けていることが多い。

こうしたことのどこまでが真実で、どこまでが幻想なのかを問うことは、まったくもって正当である。ただしそれは、真実と幻想が耐えがたいほどに混ざり合っていることを前提として引き受けた上での話だ。そしてここに、私たちがみな知っていたものに対して、さらには自分が知っていたということを知らなかったことに対して、注意を払うべきもう一つの理由がある。すなわち美学は、豊胸、フェイスリフト、脂肪吸引による痩身と同じように、屈強な男たちや国家にとっても重要であるということだ。警官といえば、ヘルメット、防弾ベスト、マシンガン、黒光りする対暴徒用装備、ヘリコプター、点滅灯、けたたましいサイレン、催涙ガス、さらには馬といったイメージや音が連なりとして浮かんでくる。こうしたイメージや音は、私たちが「実用的」とか「実利的」とか呼ぶ事柄と同じくらい、間違いなく美的な理由で選択されていることを示している。実際、**あらゆる**「実用的」なものの中に、美学を具体化していないものなどあるだろうか。

私の考えでは、こうした美学と恐怖、および美学と実用の絡み合いは、**ナルコルック**を中心にして展開している。ナルコルックの手本となっているのは、とんでもない大金持ちである麻薬商人や彼らの無法なライフスタイルに、現在加わっているか、あるいは加わりたいと願っている若い女性たちである。彼女たちの**イマーゴ**——シリコンを入れた乳房、ヒップアップした尻、脂肪吸引による痩身——が、ファッションと美形化《ビュティフィケーション》を急成長させたのだ。この流行は、男と女のエネルギーと幻想を吸い上げているだけではなく、より一般的に身体について雄弁に示している。すなわち、労働と規律の代わりにスタイルと逸脱と過剰な官能性を選んだ生き方を象徴し、媒体となっている身体についてである。これと同じ美学が今や世界を席巻し、戦争や拷問や身体切断を引き起こしている。そして、「消費」という語で簡単に片づけられてしまっているものの中に休息を見出そうとしている新しい資本主義経済の狂乱もまた、この美学によって生じているのだ。コロンビアだけの話ではないし、コロンビアに特有な話でもない。ただ、コロンビアでは他国よりもあからさまなだけである。

　悪い奴やいい奴、さらには美しい女や馬やSUV車についてはこれくらいにしておこう。地下組織についても、国家による弾圧を実行する警察についてもこれくらいにしておこう。どうしたら、これらの驚くべき混合体——それはまさにさまざまな要素を混ぜ合わせたものであるが——について、その混合体が生み出す魔術的なアウラと同じくらいに、美学が重要であると考えることができるだろうか。そうであるとすれば、私の扱うさまざまな物語、すなわち宇宙整形に続いて生じる悲劇的結末の物語は、どうなるのだろうか。

ウィリアム・バロウズは、『ゴースト』のなかで「美しさはつねに呪われている」と書いている。

どうして、美はそんな風に揺らめくのだろうか。

神々からの贈与

美しさは悲劇を迎える運命なのか。

まったくなんて質問だ。この問いは、最悪の迷信、つまり素晴らしすぎることにはとても恐ろしいことがつきものであるという一抹の不安を招きはしないだろうか。それは、美は根っこのところで恐怖と分かちえないと示唆してはいないだろうか。その一方で、私たちを取り囲む世界にある他のほとんどすべてのことは、少なくとも昨日までは「あなたはすべてを手に入れることができるし、たくさん手に入れればそれだけ楽しくなる」と告げていた。だとすると、美が悲劇と密接な関係にあるというひらめきは何を伝えているのだろうか。あるいは、これを書いている二〇〇九年の時点で、長年にわたる贅沢な暮らしのせいで資本主義はだめになりつつあると聞かされることによって、何が起きているのだろうか。合理的な分析を極めている経済学者たちですら、経済はおとぎ話のような論理のうわべを取り繕ったものにすぎないと心の底ではわかっている。たとえば、ノーベル経済学賞受賞者の最近の言葉をとろう。「グローバル危機がどこから来たのかを知りたいならば、次のように考えたらいい。私たちが目の当たりにしているのは、過剰供給の復讐なのだ(1)」。

美が神々からの贈り物だということはありうるだろうか。あらゆる贈り物と同様に一定の不安が付随してくるとはいえ、この場合は神々からの贈り物であるがゆえに、その重荷に押しつぶされそうになるということだろうか。そしてこのことは、「進歩」という婉曲表現に織り込まれているおとぎ話のような現実についても当てはまるのではないだろうか。より正確には「自然の支配」と呼ばれているこの現実には、いまや、私たちが美容整形と呼んでいて、私が熟考の上で**宇宙**整形と呼ぶことにした女性の身体への外科的な介入にもしっかりと組み込まれている。ラテンアメリカにおいてこのことは、「誇大な唯美主義」、不自然さ《アーティフィシアリティ》**および**境界侵犯を伴った、コロニアル・バロック様式の最新の表現に過ぎない。そうでなければ、まぶたや陰唇の整形、膣の若返り、フェイスリフト、そしてもちろん脂肪吸引による痩身は言うに及ばず、豊胸、美尻や美脚を作り出すための外科手術の件数が現在劇的に増えたことを、どのように名づけることができるだろうか。そして、これは始まりにすぎない。毎月のボトックス療法や「スペイン語で」レトケと呼ばれる「プチ整形」のように、いくどとなく介入と創作がなされて、何度も再診が行われるのである。

もちろん、宇宙整形は自然の支配という壮大なドラマのなかでも最初期の技術のひとつであったし、食料や住居を求めることと同じように、美が人生の目的となってきたことは間違いない。さらに、二十世紀に入ってからも、人類学者が研究してきた諸社会における生存の技法には美学がしみ込んでいたことも確かである。狩猟採集のさまざまな技術、すなわち弓や吹矢やカヌーを製作することや、広大な砂漠や大海を航海する腕前や、糸を紡いだり布を織ったり家を建てたりする技術、そして親族と儀礼をめぐる技芸からなる広大な銀河が豊富に存在したりしているのと同様に、外見を煌びやかで美しく飾り立てることへのこだわりも数多認められている。かの高名なマルセル・モースが古代社会と呼んだ諸社会では、(贈与にもとづいた)経済は宗教的であり呪術的であり政治的であると同時に、美学的でもある。

留意すべきは、感嘆するようなボディペイント、素晴らしい髪型、性器や他の部位といった何らかの箇所への切り込み、削歯や抜歯、手指の切断、耳たぶ・大陰唇・首を信じられないほど伸ばすこと、新生児の頭を平板にすること、ふくらはぎの筋肉を太くすること、美や愛を得るための呪術に用いる薬物(初学者はマリノフスキーの『未開人の性生活』を参照)などと延々と続くこれらは、外科的な介入をまさに伴っているということである。そして、これらの「自然の支配」の偉業においてもっとも困難なことは、宗教や呪術から美学を分離することである。そこでは、宗教・呪術と美学はともに、美しいものに対する感情の高ぶりと身体的な興奮を結びつけて力としているからである。

どんな種類の力だろうか。エヴァンズ＝プリチャードが行った一九三〇年代のアフリカにおけるヌアーの人びとの牛に対する愛についての説明を読むと、人間と野獣の関係において、美と宇宙整形が聖なる力の役割を果たしていたことに感動させられる。若者の名前は、通過儀礼の際に父親からもらった雄牛にちなんでつけられる。この通過儀礼では、若者の額に切り込みがいれられ、雄牛の角は最終的に鼻口部と交差する角度か、上を向くような角度になるように切断される。もし若者が金属を手に入れることができるならば、彼は自分の左腕を使うことができなくなるように固定する。それはちょうど雄牛の左の角が使えなくなっているのと同じだ。そうすれば、雄牛の美しさは増して、結果的に供犠用にさらに申し分なくなるのである。

こうした男と雄牛の同一化を支えているのは雄牛の供犠である。それゆえにエヴァンズ＝プリチャードの見解では、ヌアーにおいて頻繁に行われる、この美しいだけでなく美形化された動物を儀礼の上で殺害することの背後にある原理は、神に対する生命の贈与という考え方である。これは、哲学者でありポルノ作家であり美学者でありシュルレアリストであるジョルジュ・バタイユが、**蕩尽**、あるいは**過剰性**と呼んだものである[2]。たしかに供犠についての説明を読めば、美と生命——ここでは命を奪うこと——のつながりに心を打たれることになるだろう。このことは、アステカやヴェーダの宗教における美形化による神格化も同様である。アステカの人身供儀においては犠牲者の身体が殺害に先立つ数カ月にわたって美形化され、ヴェーダにおいては動物が供犠される〔対象となる〕人が準備のために美形化されるのである[3]。

人類学者は膨大なエネルギーを注いで社会生活のなかで作動している象徴について記述してきたのであり、そのこと自体は結構なことだ。しかし、私たちはまさにそこに焦点を当ててしまったために、社会と歴史を形作って活性化しているという点で、美が与えてきたより大きく重要な影響力を、すなわち形式ではなく力としての美を見逃してきたのではないだろうか。さらには、日常生活を形作る美学だけでなく、恐怖を形作る美学も無視してきてはいないか。美と、私が「否定的な崇高」と呼ぶものとの相乗効果が、歴史の動力になると同時に物質的生活の生産手段となっているのではないか。

そのことはすべて、実際には最初から、マリノフスキーの記述のなかにあったのだ。マリノフスキーは、トロブリアンド諸島の人びとが農耕のあらゆる段階で飽きもせず美学に心を配っていることに、細心の注意を払っていたのである。開墾し、〔タロイモやヤムイモの〕塊茎を植え、雑草を取り、伸びる蔓を彫刻のように整えて、各段階に応じた呪術を使い、そしてもちろん収穫時に不格好な塊茎を陳列するために細やかに気配りをし、その塊茎を腐るまで村の中央に置いておくということである。『珊瑚礁の菜園とその呪術』(全二巻)は、その書名からはじまってすべてが極めて美しい。身体に油を塗って香りを振りまきながら踊ること、そして菜園の〔整えられた蔓の〕彫刻だけでなく、クラ交易の装飾品である赤い貝殻製のネックレスと白い貝殻製の腕輪も美的である。島々のあいだの交易は、これらの装飾品を中心に展開され、左右されてきた。いうまでもなく、素晴らしい航海や計り知れないほどの余剰にまつわる夢の物語も美的だ。

私の名声は雷のごとく

私の足音は地震のようだ(4)

実際には最初から、マリノフスキーの記述のなかに書かれていたのだ。すなわち、女性妖術師が自らの姿を不可視化して、新鮮な遺体から目・舌・腸を抜き取って食べるために夜通し飛び回り、男性の心に恐怖を引き起こしているという記述に、示されていたことなのだ。女性妖術師は美を反転させている。それこそが妖術師のやり口であり、妖術師を見抜く方法なのだ。若い少女が潜在的な妖術師であるかどうかは、〔血や肉や骨を好む〕粗野な味覚をしているかどうかで見抜くことができる。豚が四つ裂きにされると、彼女たちは豚の血をすすり、生肉を直に口で噛みちぎって食べようとするだろう。

難破した船乗りたちは妖術師を恐れているので、生姜の根に向けて呪文をかける。妖術師を惑わす霧を発生させるために、リズミカルに頭韻を踏みながら呪文を唱える。その霧は船乗り自身をも惑わすことになるだろうが、おかげで彼らは妖術師の忌まわしい姿を見ないで済むのである。

霧は湧き上がる
霧は奴らを震えさせる

中央アフリカのザンデ人の妖術信仰について記述したエヴァンズ＝プリチャードと同じように、マリノフスキーは急いで次のように断言している。現地住民は、「彼の信念について自分で明確に系統立てて説明するというよりは、感じており恐れている」と。[5] 感じており恐れている。別の言い方をするならば、イメージや力のある形状から生起するのは、言葉や「信念」というよりは感情や恐怖なのである。それは、感情的なのか美学的なのか、あるいはその両方なのだろうか。ここで問題になっている恐怖、すなわち夜空を蛍のように飛び回る空中の妖術師に対する恐怖は、たしかに感情的であると**同時に**美学的でもある。したがって、そのような情動的かつ美学的に強烈なものを、一つの信念の原理に翻訳することは間違っているのだろう。妖術師のイデアは、連続的に生起する嫌悪のイメージに投入された感情であると同時に観念でもある。それは可能性、あるいは死と死体に関連づけられた可能性の地平に漂うかすみである。ここで信念について、まして信念の原理について語ることは、有力な手立てを捨て去ることになる。すなわち、イメージと感覚からなる危険な領域とは相いれない言語の大地という安全地帯を獲得するために、有力な手立てを捨てることになるのだ。そうした安全な大地の上に築かれるのが、プラトンの『国家』である。

ここで問題にしている悪についての信念は、明らかに美的なものである。それは、道徳に反するすべてのものへの飽くなき欲望を持つ醜悪さに対する、身の凍るような感覚だ。まさに理解不能であり、それこそが忌まわしきもの、タブー視されているものの真の特権でもある。もう一つの美的な力が、これらの恐ろしい生き物、そしてあの死体や目や舌に対して動員されるのはなんと相応しいことだろう。それはすなわち、〔マリノフスキーが〕二一ページにわたって綿密に記録している、詩としての呪文にまつわる美学である。そこには、驚くべき隠喩やリズムや頭韻法が記されており、想像上の妖術師の裸体を覆い隠す「詩人‐魔術師」で締めくくられている。

私はお前の睡眠用の腰蓑を奪う
私はお前の腰を覆う
そこに留まっていびきをかく(6)

注意すべきであるが、(マリノフスキーが記述しているように)美の呪術が愛の呪術と等価なものである以上、そうした美は性的興奮を感じさせ、快感を生み出すものとなりがちである。

私の顔、それは燃え上がり
輝く
私の赤い絵の具、それは燃え上がり
輝く(7)

これだけでも十分すぎるのではないか。自分自身を発端として、世界中を性的興奮で満たすことは、誰にとってもこれ以上ない喜びだろう。だが、美は物自体を越えている。美は、人や物に働きかける。そこには、魅了され、魅力的であり、誘惑される人や神がいる。これは性愛についてのみならず、クラで熱心に財を交換するときのように、交易相手や男同士においても同様である。とはいえ交易が、とりわけ贈り物を贈ることと関連した呪術の庇護下で行われる場合には、性的興奮が伴わないと誰が言ったのだろうか。

だとすると、生命に活力を与えるものは美学だということだろうか。あらゆる物事を目的のための手段へと、つまり永久に後退していく目的を達成するための効率的な手段へと還元しようと躍起になっている現代においてのみ、私たちは芸術の位置づけに戸惑っていて、激しく混乱している。私たちは商品として、また形而上学的なものの具象として芸術の地位を高め、美術館や画廊や役員室の中に閉じ込めてきた。そうすることで、芸術と工芸を切り離し、「芸術」を「有用なもの」と対置してきた。その結果、美学の力について、言うなれば日常生活を駆けめぐる美の力について、わからなくなってしまったのではないだろうか。美はまさしく、高速道路や橋、物語やインターネット、そして降雨や地球温暖化などと同じくらいに下部構造《インフラストラクチャー》なのではないか。

しかし、この路線で物事を見るのはどこかおかしいようにも感じている。上部構造であったもの、すなわち美学を単純に反転させて、それを下部構造だと呼ぶことは十分ではない。そこに欠けているのは、モースが贈与に関する著作の中で「全体的社会的事実」と呼んでいるもの――そこにおいて呪術と美学は経済的なものから切り離せない――と関係している。モースの念頭にあったのは、トロブリアンド諸島の人びとの経済や、ポトラッチで有名なアメリカ北西海岸の経済であった。ただし私が念頭に置いているのは、現代のグローバル化した経済である。今や、美学と呪術を経済から切り離せないということの自明性が**復権**している。そればかりかポストモダンの名の下に、新しい身体と結びついた新しい世界が、すなわち美学を増大しリビドーを満たす世界が中心に躍り出てきてさえいる。

菜園のみならず神々もまた、美に取り込まれているのである。さらに、このように人間の仕事を美しくするための伝承や職人技のすべては、より一般的には、世界をデザインするためのものだとみなすことができる。すなわち、私たちが宇宙整形について言うように、世界にレトケすなわち「プチ整形《タッチアップ》」を施し、「イメージチェンジ」させるということだ。私たちは、これを文化と呼んでもよいだろう。そうすることで明らかになる点は、文化には一つないし複数の、それゆえにおそらくは真っ向から対立しあっている美学があるということである。さらに重要なのは、美学への依存である。たとえば言語と同じくらいに基礎的なものは、美学を持っているだけでなく、その美学に依存してもいる。遊びや発明は言うまでもなく、音の流れ・リズム・カデンツは、記号論的な考察のみならず、美学的な欲望や原則にも応答している。そして言語についていえるように、あらゆる文化もまた**デザイン**であるとみなすことができるのだが、それらはつねに楽しまれ、また熱中されている。宇宙整形は、こうした制作《ポイエーシス》の見事な例となる。具体的には、活力のある力が新しい身体や新しい顔、民兵組織に属する大量殺人者の微笑みをデザインし、飛行機やスパークプラグやコンピューターチップをデザインし、さらには人に名前を付け、(「偉大なるコミュニケーター」である)ロナルド・レーガンが選挙に勝つために話術を駆使することのなかにあらわれている。

だとすれば、このような現代文化にあって神々から菜園にいたるまで、デザインそれ自体、美それ自体は下部構造ではなく単なる装飾として理解されるべきだということを、私たちが正しく当然であると感じていることは、いかにも奇妙である――そのうえ、あまりにも華美な装飾は低俗だともみなしている。もしここまで述べてきた事例が、身体を美しくすることに宇宙論的な関心が伴っているということを示唆しているとしたら、そしてそれゆえに神話や詩や驚異についての感覚だけでなく呪術や儀礼も巻き込んでいるのだとしたら、次のような疑問が浮かんでくる。すなわち、いまや身体と〔運勢を司る〕星々のあいだにあった結びつきはずっと昔に断たれているのだから、今日における身体的な美とはいったい何なのかということである。

だが、この〔星から切り離された身体の〕自由落下にもかかわらず（あるいは、だからこそ）、自分の見た目を良くしたり改善したりするための手術の激増、いや革命を私たちは経験しているのではないだろうか。こうした医療処置は、河を堰き止めたり月にロケットを打ち上げたりするのと同じように、また自転車を自動車と交換するのと同じように、おとぎ話に暗示されている言葉でいえば神々の忍耐力を試しているのではないだろうか。ジャックが巨人を打ち負かしたり、美女の涙が野獣をハンサムな王子に戻したりするようなハッピーエンドのおとぎ話とは違って、私が念頭に置いているコロンビアの農業関連産業《アグリビジネス》のスラム発の物語は、美の持つ負の側面から放たれるものなのである。それは、美形化の試みが悲劇的な失敗に至るなかで、残酷な満足が見いだされる不幸な物語である。たとえば、豊胸手術を受ければ、感染症を引き起こして、最終的には両胸を切除することになる。目の手術を受ければ、大きな瞳を持った美女になれるのではなくて、昼夜を問わず目を閉じられなくなる。フェイスリフトの手術を受ければ、自らのもっとも貴重な財産をホラー映画に登場するようなグロテスクなものに歪め、首の腱はサーカスのテントを支える張り綱のように浮き出てしまう。ヒップアップや豊尻の手術を受ければ、徐々に脚の裏に垂れ下がってしまうか、さもなければ究極の美を有していて三十七歳であった元ミス・アルゼンチンのソランヘ・マニャーノの身に二〇〇九年に起こったように、死ぬことになる。あるいは脂肪吸引の手術を受ければ、脂肪を吸引するだけではなく、麻酔薬のせいで手術台の上で死ぬことになるか、術後一日か二日で出血多量で死ぬことになる。そういうわけで、神々は帰還し、星とのつながりは回復している。もっとも、今回は災厄としてであるが。

かつて多くのおとぎ話はこうしたもので、身体と向こう見ずな野望をめぐる強力な幻想が入り混じった残酷な物語だったのだろうと想像する。その後、ディズニーによって滅菌され、子どもとその親にとってお休み前の心の糧になったのだ――「そしていつまでも幸せに暮らしましとさ」。おとぎ話の中に息づく希望はあらゆる物語のなかにあるのだと、ヴァルター・ベンヤミンは述べている。ベンヤミンの見解では、おとぎ話はあらゆる物語の中に密かに息づいている。ただし彼は、死こそが物語作者に権威を与えてくれるのだと主張している。(8) 死と希望とは、(もしそう言っていいのであれば)和解させられている。なぜならば死は、物語を**超自然的な歴史に負けず劣らず自然の**

歴史へと差し向けるからである。だとすれば、人間の顔と人間の身体を宇宙整形によって再構成することと以上に自然な、歴史的な、超自然的な——そして同時にそのすべてである——ものがあるだろうか。

差し当たり、顔と身体を宝石だとみなして、バタイユの議論を思い出してみよう。バタイユによると、魔術的であり内なる光によって輝いている宝石は、彼が**蕩尽**と呼んだものと適合している。蕩尽は、通常は「消費《エクスペンディチャー》」あるいは「利益のない消費」と翻訳されるが、それではバタイユの言わんとしていることには十分な強度ではとても届かないと、私には思えるのである。すなわち、大規模に使い尽くすことであり、贈与の内にある情熱であり、すべてを投げ出すことであり、激しい競争の中で生きることであり、自ら橋を燃やして後戻りできない状況を作り出すことについてである。ここで重要となるもうひとつの言葉が、**過剰**《エクセス》である。すなわち、過剰に欲望し、過剰に浪費し、過剰に消費して、結局は逃げ遅れた最後尾にいる者を悪魔が捕らえるのである。そのことについて、ベンヤミンは大麻とモルヒネ誘導体で陶酔しながら、一九三一年にかなりうまく表現している。すなわち、「目的をふいにするのはスポーツ的には正しい行動」と。[9] バタイユはどうかと言えば、「太陽は何も受け取らずに与えているのだ」と述べている。

「私には一個の見方がある」。バタイユは、自ら主著とみなしている『呪われた部分』に極めて真剣な態度で、そう書いている。「私には一個の見方がある。人間の供犠、教会の建設、宝石の贈与が小麦の売買とほぼ同じ重要性を持つ、そういう視点に立っているのだ。要するに、「普遍経済学」の原理を明らかにしようとしてうまくいかなかったのだ。この「普遍経済学」[10]とは、生産よりも富の「消費」（つまり「蕩尽」）のほうを、重要な対象とする経済学のことである」。

そうしたバタイユのあげる一覧にもちろん私たちがつけ加える必要があるのが、宇宙整形であり、恐怖にまつわる芸術である。両者を組み合わせたものはもちろんのこと、各々がバタイユの言う普遍経済学のまさに中心に位置しているようにみえるだろう。

十九世紀のロシア人であるニコライ・レスコフが、シベリア産の希少石でアレキサンドライトと呼ばれる金緑石について書いた物語があるが、その物語についてベンヤミンの行った考察を思い出そう。そうした原石が地中深くに眠っていた場所こそが、原石にさまざまな並外れた霊的な力を与えている。しかも、とくに宝石加工職人《ジュエル・カッター》――つまりは外科医――が原石を磨き上げている時に力が与えられるのである。宝石加工職人は、レスコフの書いた物語の中においては明らかに魔術師であり、有能な職人でもある。私の考えでは、宇宙整形に臨もうとしている人間の顔や人間の身体も同様である。すなわち、顔と身体は宝石のように自然なものと超自然なもの両方の霊的な力に満ちていて、宝石加工職人によって器用に加工されることを待ちわびているのである。

それにしても宇宙整形を論評する人は、どうして成功に比べればめったに起こらない失敗のことだけを考えなくてはならないのだろうか。宇宙整形が不快の血流の奥深くまで入り込んでいるように思われるのである。宇宙整形のせいで死んだり、容姿が損なわれたりすることは、フェアではない。それは確かだ。ただし、その話を私はしたいわけではない。宇宙整形に失敗した者の姿かたちを考えてみよう。その人たちが美を育み、失墜することについて考えてみよう。眼、胸、顔やしなやかな痩身といった美を得ようとして、目が覚めたら強烈に醜くなっている。あるいはさらにひどい場合もある。さらにひどいということがあればだが。こうした物語は、まさに天国に手が届きそうになった瞬間に奈落に突然落下してしまうものなのである。ちょうど、自らの魂を悪魔に売り渡してしまうという古くからある物語や、現実主義者を気取ったタフな男たちが「ただより高いものはない」と述べる時の真意と同じようなものである。時に、男たちは「友よ」とつけ加えるだろう。

私の頭に最初に浮かんだ不幸な物語は、身体の病を治療することから身体の外観を施術することへの医師の脱線である。アメリカ合衆国の医学校卒業生が専門を選ぶ際の一番の選択肢は、宇宙整形を多分に含んだ皮膚科――括弧付きで「皮膚科」と言うべきか――である。ニューヨーク・タイムズ紙の報道によれば、マサチューセッツ州の皮膚科医であるエリック・パーレットは以下のように言っている。(11)「糖尿病と高血圧の患者を一時間治療して一〇〇ドル得られるのに対して、同じ時間をボトックス療法に当てれば二〇〇〇ドル稼ぐことができるというのは、不幸な状況である」と。アメリカ合衆国でプライマリー・ケア医や家庭医が不足しているのも不思議ではない。迷信深くない人でも、世界中に広がったこのような事態の展開について居心地の悪さを感じるだろう。もしそれがマイアミかロサンゼルスに限ったことだと考えているのであれば、ベイルートやカリ、そしてメデジンを見てほしい。そうした都市は、貧困、暴力、脂肪吸引、豊胸、フェイスリフト、豊尻や処女膜再生の混じりあった場所として悪名高い。「パンがなければケーキを食べればいいじゃない！」と言ったとされるあの有名な女王が、いまや「ケーキがなければフェイスリフトをすればいいじゃない！」と言っているのが聞こえてくる。

この多くの批判にさらされた女王は、時代を先取りしていた。彼女は人生において何が重要かを理解していたのだが、消費に関する現代的な哲学者のジョルジュ・バタイユを二世紀前に先取りしているのである。バタイユは、効用原理では人間の諸社会や人びとを十分に理解できないと信じていた。それどころか**蕩尽**あるいは非生産的な浪費――すなわちケーキ対パン――に満ちあふれていることがあらゆる経済システムを駆動していたのであり、バタイユの時代における生産志向の資本主義――それは狂ったように消費する今日の経済とは明らかに異なっている――さえも動かしていたというのである。

花の美しさに対するバタイユの考え方を例にあげよう。彼は、花の美しさが死や腐敗と密接に結びついていると見ている。バタイユの見解では、花に美しさを与えているのは花の短い命と多分に関係がある。花の短い命という表現で言わんとしているのは、花の最終的な結末は醜悪さにあって、茎はしおれ、花びらはしなびて垂れて変色し、一枚また一枚と落ちて花壇の肥料へと分解されていくか、ゴミとして清掃されてしまうかのいずれかになるということである。葉はそのまま朽ちていくかもしれないが、葉ではなく花こそを夕食会、誕生会、結婚式や葬式の際に私たちは贈るのである。[12]

バタイユはこの先まで考察を進めていない。ただし私が問いたいのは、腐敗や死に近接していることこそが美を美しいものにしているのであるとすれば、このことを千年紀のリズムおよび千年紀への期待が再現なく回帰してくる循環の一部と見なしうるだろうかということである。すなわち、冬に続く春の開花と同じように、腐敗と死の後に復活があるというキリスト教以前のはるか昔からあるリズムだと見なしうるだろうか。

フレーザーは『金枝篇』において、自然の持つ再生産のエネルギーを体現している大母神が中東の多くの民族によっていかに崇められているのかを、私たちに説明してくれている。フレーザーの偉大なる本の図説版の中で、ある花、具体的には緋色のアネモネのカラーイラストに付いた説明文は、いかに「春の開花が古代の人びとに自分たちの神々の復活を告げてくれるものである一方で、それと同じ花が色あせていくことが彼らに神々の死を思い起こさせたのか」を私たちに教えてくれている[13]。

宇宙整形は、女性の身体を永遠の春に保つことによってこのような永続的なリズムと競合する一方で、死と美とのつながりや緊張関係も残している。もしかすると、季節の移り変わる中で自身の力を表す女神が崇められていたはるか昔の時代と、今日の女性の美が共鳴しているということがあるのだろうか。女性服の流行に年単位のリズムがあるのもこのためで、共感呪術の力を示すもう一つの実例になっている。

それだけではない。家父長制が台頭し、フレーザーの言うところの大母神に取って代わったことによって、その古い時代の魅惑をキリスト自身が体現するようになったのである。すなわち、それまでは女性に限られていた、季節的な死と復活をめぐる魅惑をである。キリストは周期的に力を取り戻す女性なのである。そして今や、宇宙整形それ自体がキリストの磔によって達成される贖罪を再演するものであることはもちろん、冬に続く春を再現するものとなっていないだろうか。こうして贖罪された身体から、恐怖と畏怖、そして魅惑と嫌悪を伴った両義的な聖なる力が滲み出しているとしても、それほど不思議ではない。

そうであるとすれば、男神が支持された時点で、女神たちの身に何が起こったのだろうか。ここで起こったのは、次のようなことである。すなわち、女神の死と復活は女の美の領域として世俗化されたのである。コロンビアの人びとが美女コンテストに夢中であり、出場者には宇宙整形がつきものであることをからかう前に、よく考えてみてほしい。

実のところ、身体的な美と死の交代は、季節が移り変わるリズムよりも飛躍的に早いリズムで現れてくる。宇宙整形の失敗に関するさまざまな心痛む物語がある。そうした物語は、コロンビアの農村部に長年にわたってまき散らされている身体切除と大虐殺を予期すると同時に、それらを反映しているものでもあるが、そうした心痛む物語において春と冬は嵐の中の一枚の葉のように、週七日二十四時間休みなく振幅的に交代している。なぜなら、そうした物語は**蕩尽**にまつわる物語であるだけでなく、**蕩尽**としての物語だからである。かくして、物語作者の技術を引き出している死こそが死自体を消費しているのである。

エル・メヒカーノ

蕩尽についての物語の中で、ケーキの女王に次いで最適な物語がコロンビアにある。「エル・メヒカーノ（メキシコ人）」として知られている有名なコカイン密輸業者は、金色――それも本物の黄金！――で自らのイニシャルを浮き彫りにしたトイレットペーパーを使っていたという。彼の名前に含まれる頭文字の数を考えると、どれほど多くの黄金が便器に流されていったのがわかる。JGRG。この密輸業者の名前はホセ・ゴンザロ・ロドリゲス・ガチャである。ただしこれは、メキシコがコロンビア産コカインの特権的な密輸経路になるよりもはるか昔の物語だ。この物語は、彼の名前に負けず劣らず、予言的である。

どうして人びとはこの物語を好んで語るのだろうか（その物語を私に語ってくれたのは、ボゴタに住む金持ちで、自らが誘拐されるのではないかと脅えていた）。エル・メヒカーノは、権力を持った残忍な男で、私たちの想像もつかない金持ち、それも古代の寓話に登場する王のような金持ちで、男たちのあいだでは神であった。それゆえに、彼もまた便座に座って力まねばならず、他の動物のように身体的な排泄をせねばならず、したがって私たちと同じように死を逃れられぬ存在であるとわかれば、気分が安らぐのである。いや、必ずしもそうではない。私たちと全く同じであるというわけではない。なぜなら、彼は地位を失って、高みから降りてきて、超人間《スーパーヒューマン》から下部人間《インフラヒューマン》になり、私たちの身体や日常の習慣の中で口に出すことを憚られる部分にまで行きついているからである。こうしたスケールで王子からうんちへと地位を低下させることは、滝の落水のような大きな力を生み出す。そういうわけで、私たちはこの物語が大好きなのである。少なくとも、それが理由の一つだ。私たちは滝のような転落が大好きだ。もう一つの理由は、驚くべきことに黄金とうんちを一緒くたにすることで、対極にあるものが奇妙にも互いに運命づけられているように思えてくる、消し難いイメージが喚起されるからである。

これは古くからある物語である。すなわち、諸悪の根源たる貨幣の物語であり、呪われたるものとしての黄金の物語である。そうした黄金の物語が、B・トレイヴンの書いたメキシコを舞台とした小説にして、ジョン・ヒューストンが監督を務め、ハンフリー・ボガード主演で映画化された『シエラ・マードレ山脈の宝物〔邦題『宝物』〕』でも描かれている。この物語は現在でも存続している。とうの昔に、シエラ・マードレ山脈の黄金で満たされた鉱脈から、ウォール街の仮想空間における為替取引と、コカイン売買をしながら喉をかき切り続けているカルテル——その二つは一つの金貨の表と裏である――へと、舞台は移ってしまっているが。

だが、これはただそれだけのことではない。なぜなら、エル・メヒカーノをめぐる排泄物のイメージは、**昇華**作用を取り消すからである。すなわち、抑圧を用いて私たちの感覚的なエネルギーを高次の成果へと向ける作用を取り消すのである。錬金術と同じように、昇華は卑金属を黄金に変換する。しかし、エル・メヒカーノの物語では逆のことが起きている。黄金がうんちに戻り、錬金術師の夢は逆走する。精神が肉体になる。若きフロイトは一八九七年十二月に、ベルリンにいた知的なソウルメイトであるヴィルヘルム・フリースに次のように書いている。「いったいどんなものが私にとっては――糞便に解消されるのか（すなわち新たなミダス王）、僕は君にほとんど詳しく説明することができません。それは内的な悪臭についての学説に完全に一致します。とりわけ、黄金そのものが、です」と。(1) こうした脱昇華の過程が力んで持ち上がってくると、私たちは多くの肉に、すなわち殺人や身体切断によって飛び散った人間身体のバラバラになった肉片、筋肉質の馬のバラバラになった肉片、さらにはさまざまな宇宙整形を受けた美女のさまざまな身体部位に出くわすのである。

こういうわけで、私たちはエル・メヒカーノの物語を語ることを愛しているのだろうか。なぜなら、脱昇華は明快とは程遠いもので、アウラの消失を決して意味しているわけではないからである。高みから落ちる際に、王子は実際には高貴になっている可能性がある。神への冒涜は、タブーを破ることから生まれた新しい力によって神の地位を高める。ちょうど、神が排便時に力んで、金色のトイレットペーパーに手を伸ばしている姿を思い浮かべるときのように。こうした状況の中で、両極にあるものが出会って爆発し、弁証法的に回転するのである。そして、何の前触れもなく突然に、バタイユの言う**蕩尽**が卑金属を輝かせるのである。

今、その男は死者である。千名以上の海兵隊員に包囲されて狂犬のように射殺されたのだ。その海兵たちをはからずも先導してしまったのは彼の愚かな息子フレディであり、フレディはカリブ海沿岸のトルー――十七世紀のスペイン異端審問によれば魔女がたくさんいることで有名な村――にある自分の父の牧場に海兵を連れてきてしまったのだ。

なぜ人びとはこの物語を語ることを愛するのだろうか。その物語が、エル・メヒカーノことホセ・ゴンザロ・ロドリゲス・ガチャにとって悲しいとまでは言わないまでも、残念な結末になってしまったからだろうか。すなわち、エル・メヒカーノは千人以上の海兵によって、彼の死んだ息子であるフレディによって、先述したすべての魔女の亡霊たちによって包囲されて、死せるエル・メヒカーノになってしまったからだろうか。なぜ私たちは、残念な結末になる物語を、すなわち災厄のおとぎ話を好むのだろうか。

麻薬王たち、つまりとくにまばゆいほどに悪名高い奴らをめぐる物語の中における**蕩尽**については、ここまでにしておく。では、世界でもっとも古いゲリラ軍であるコロンビア革命軍（略称FARC）の共同リーダーの座に三十年以上いた、ハコボ・アレナスという名のゲリラの王にまつわる**蕩尽**はどうだろうか。

アレナスは自然死するまで、南コロンビアの樹木で覆われた山地に隠れ住んでいた。アレナスに身を捧げていた一人の若い女性のゲリラ兵は、以下のように回顧している。

彼は極めて虚栄心が強く、さまざまな良いものを愛していました。酒ならブランデーのレミーマルタンだけを飲み、煙草はクールだけを吸ったものです。着ているシャツやセーターでさえ、オーダーメイドの品でした。彼の洋服をつくるための布を買いに行かされたとすれば、手に入る中でもっともスキャンダラスでド派手なものを入手しなければならないと決まっているんです。他の誰もあえて着ようとは考えないヒョウ柄のグァジャベーラを着ていて、それも緑の生地に、紫と金と銀のブチのあるヒョウ柄でした。彼が大いに好んだのは、もっとも奇抜なものでした。たとえば、彼が日本の雑誌広告の中で見たドル紙幣を数える機械です。それから、アノライマで売られている「モコーサス」(二)と呼ばれているトウモロコシのパンケーキ(三)でした。……それに、自分の巨大な入れ歯にとてもこだわっていました。歯なしで過ごすことのないように、歯医者に隠れ家まで来るようにきまって命じたものです。一度歯医者が彼にニキビができていることに気づいた時には、彼に「ポマーダ・ペーニャ」という名前のクリームを使うようにと忠告しました。ハコボはそのクリームを二ダース注文して、高原を旅する際にはまるまる一箱を携行しました。彼は日焼けをして、一カ月間にわたって全身に白いブチのあるアルビノのように見えました。そういう風にしていたのは単に、彼が極めて虚栄心の強い人物だったからです。[2]

エル・メヒカーノの**蕩尽**と比べると、アレナスのそれは無邪気で子どもじみたものに思える。だが、脱昇華という百八十度の反転と身体への「見返り」は同一のものであって、それゆえに黄金（すなわち貨幣）こそがこの見返りにとって極めて重要なのである。日本の雑誌に載っていた機械が数えることのできる際限のない量のお金は、ここにおいて、肛門をめぐる抗争ではなくて、口唇すなわち乳房をめぐる抗争と結びついている。〔その口についた〕歯は、人食い鬼の歯のように巨大であるのみならず——**蕩尽**をうまく表現できている——、人工的なもので、つまり一層奇妙なものなのである。だが、『美女と野獣』というおとぎ話と同じように、人食い鬼でさえも優しく親切かもしれないし、たとえ六十歳を超えていても内気な思春期の青年のようにこともあろうかニキビに悩む可能性があるのである。

実際、この物語によれば、アレナスが肌用クリームをまるで**蕩尽するか**のように購入したおかげで、私たちの愛する大きな歯を持った人食い鬼は全身に見苦しいブチを発現させた。そのブチは、世界中の兵士や少年たちと同じようにゲリラ兵が着ることを好む迷彩服に似ていた。これは、JGRGのように、卑金属を黄金に変換し、黄金を卑金属へと変換した男の物語ではない。そうではなくて、**自らを**黄金へと、すなわち端麗な王子——ニキビがなく、緑の生地に紫と金と銀のブチのあるヒョウ柄のシャツを着ている——へと変貌させた、FARCの創設者の物語なのである。その創設の父だけが、これほどまでに突飛で、驚くほどに蕩尽的たりえたのであった。次の段階はどうかって？　レミーマルタンを一、二杯飲んで、クールを吸う。そして宇宙整形だ。とはいえ待ってほしい。高原の上で何かが起きたのである。その私たちの救世主たる王子は白いブチのアルビノに変身してしまっているではないか。そのヒョウの身にいったい何が起こってしまったというのだろうか。

私たちはなぜ、こうした災厄の物語を、すなわち運命が突発的にねじれてしまって転落するためだけに天国へ昇る物語を、愛しているのだろうか。

ときおりちょっとした**蕩尽**にふけるために、エル・メヒカーノのような麻薬の大物売人や、コロンビアのFARCのゲリラ指導者になる必要はない。私自身の物語を例にあげよう。二〇〇六年、ボゴタの国内線の空港を歩いていたら、二九〇米ドル相当のイタリア製の紳士靴が陳列されていた。いわゆる最低賃金が、当時は一日約八ドルであった社会におけることである。私自身の**蕩尽**といえば、二ドルの男性用ヘアカットである。少なくとも、私が髪を切ってもらっていた、コロンビア西部の都市カリの南にあるうす汚れたアグリビジネスの町にある、ニマのサロンの価格はそうだった。

ニマの話をしよう。私の髪を切ってくれている彼女は、タイトなピンク色の水着を着ている。ニマの髪は、長さは腰まであって、つやがあり、茶色で、その大部分が偽物だ――コロンビアにおけるいわゆるペロ・プレスタード（「借り物の毛」）、すなわちエクステンションで、それだけの長さになると、その品質と地毛に織り込む技術料次第で、かなり高価になる。私の聞いた話では、彼女は鼻を整形したことがあるが、それ以外にも手を入れているかもしれない。彼女が履いている膝丈パンツは白色でぴっちりしたものである。順番を待っていると、ニマが女性の髪をストレートにする縮毛矯正剤を使用しているのが見える。この薬剤を使う際には、頭皮に触れないように注意しなければならない。薬剤が皮膚を焼いてしまって、何カ月ものあいだ髪が伸びなくなるからだ。だが、その薬剤を使えば、カーラーや火鋏を使わずともアフリカ系の人の髪をストレートにできる。

その街は貧しいけれども、麻薬に取りつかれたギャングや景気の悪さと同じくらいに、スタイルが大きな関心事になっている。美は王である。こういうわけで数多くの美容室があり、若い女性の大部分が、それどころか七歳かそれ以下の少女たちでさえもが、背中の中央かお尻にまで届くようなストレートか巻き毛で黒髪のエクステンションをつけているのである。

ボードレールは、「現代生活の画家」というエッセイの中で、私たちに以下のことを思い出させている。「この上もなく奇怪、この上もなく狂ったものとわれわれに見える諸世紀においてさえ、美への不滅なる嗜欲はつねに満足を見出してきた[1]」。そうした美への不滅なる嗜欲は今日ニマの住む街でもたしかに活発であり、身体の礼賛と、スタイルと流行への熱狂とが過去最高レベルの暴力と同時に存在している。ただし、美が私たちの目をくらませているのは、美以上のものを用いてこそである。美しいのは、**蕩尽**としての美であり、すなわちこれまでになくバロック的な壮麗さに到達した贅沢な消費の津波の美しさである。たとえば、あのタイトなピンク色の水着であり、苛性クリームであり、腰までかかるつやがあって、茶色で大部分が偽物の髪である。

マルクスとエンゲルスは一八四八年の『共産党宣言』において、資本主義におけるディオニュソス的精神を強調した。その精神は、ますます大きくなる構築と脱構築の波の中で前後に激しく揺れ動いている。まるで、**すべての恒常的なものは蒸発する**(四)かのように。バタイユなら、そうした蒸発がゲームのすべてだというだろう。そのゲームには、私たちがもっと美しくなろうとし、そうすることによって自分自身からも他者からもさらに欲望される存在になろうとする、骨の折れる努力が含まれている。ただし、たいていのマルクス主義者はこのようなマルクスの洞察を共有することを嫌って、禁欲主義者の立場を取る。そうして、有名デザイナーの服、宝石、トロフィーハウス、トロフィーワイフや宇宙整形を金で手に入れて、結果的に(とある怒れる分析家の言葉で言えば)「表面上は刺激的だが奥底では空虚な、偽りの満足の世界」(2)を維持している人びとをこき下ろし、軽蔑するのである。

核心を見逃しているとはこのことだ。表面上は。刺激的な。空虚な。こういうところだ。このような激しい罵倒は歴史に逆行することから生じ、現実から目を背けて生きることである。さらには、節約のただなかにある現代の景気後退/恐慌の状態においてさえも、美と消費欲求(それも利益を生まない形で費やす欲求)は衰えることを知らない。それはおそらく、ドルを使って支出することではなく、**蕩尽**を誇示することの中で起きているのは間違いない。日々更新されるオンラインの政治サイト『ハフィントン・ポスト』に書かれた物語を見てみよう。二〇〇九年二月後半、あるエイズ慈善イベントにシースルーの黒いレースの華やかなドレスを着て登場した、五十歳そこいらのとても美しい映画スターであるシャロン・ストーンの大量の写真が掲載された。それと同時に、踊りながら身体を後ろに曲げて右乳首をちらっと見せている、とても魅力的な襟ぐりの深い赤いドレスに身にまとったメディア界のスターであるビヨンセの写真も数枚掲載されていた。その一週間後は、パメラ・アンダーソンの番であった。パメラは、イギリスの一流ファッション・デザイナーの一人とパリでキャットウォークを歩いたときに、うっかり乳首をわずかに見せていたのであった。こうして乳首は見せ続けられているのである。

二〇〇九年二月のニューヨーク・タイムズ紙の見出しには、「不況でもマスカラは必要」と書かれていた。その記事は、「リップスティック・ファクター」を、つまり女性が景気後退期には口紅を普段よりも多く買うという信念を大いに利用していた。世界大恐慌の時期に化粧品を売っていた一人の母親は、「女性はいつでも口紅や香水の類にお金を使いたがる」と述べる。このように景気下降期でも倹約に抵抗感があることは、二十三歳の著作権代理人が裏づけていた。彼女は、バーニーズで自分の彼氏用に薪の香りがするディプティックの蝋燭を購入し、さらには自分用にバイテリーのコンシーラーとリップケアクリームを購入した。購入額が一七五ドル以上になったので、二十の販売会社からの試供品、たとえば「レディ・イズ・ア・トランプ」のマニュキュア液や「ロゼ・ジターヌ」のリップグロスなどの入った化粧品袋を、無料で受け取った(3)。加えて、ハリウッドの業績は現在の経済破綻にもかかわらず堅調で、映画鑑賞券の値段があがったけれども二〇〇九年のアメリカ合衆国における映画館入場者数は一六パーセントも増えたと報じられている。(4)

　ウォール街の男たちはリビドーを失いつつあり、そうでない私たちは金を失いつつあるという陰鬱なニュースが二〇〇九年はじめに出たことを考えれば、女たちは列をなして口紅を買い求めているということになるのだろう。金銭とセックスは同じではないと考えている人は、今なお存在しているのだろうか。既婚男性の浮気相手たちは、とくに困難な状況にあった。ある女性は、「不況のせいで妻が請求書をチェックしはじめたと彼氏に説明されたとき、ごまかされたような気分になった」と語っている。銀行員と結婚することについて、ある若い女性は、「銀行員とつき合うための匿名の会《デーティング・ア・バンカー・アノニマス》（フェミニストの監視を逃れて）」というとても愉快なブログで、「この不景気のおかげで、みんなが二年間、独身期間を延長できた」と述べている。別の女性は、「今回のめちゃくちゃな試練のせいで、ボトックス療法を受けはじめる日を少なくとも二年延ばすことになった」と書いていた。(5)

　不況に入ってから一カ月が経った頃、家庭用金庫の売り上げが急増したという話が相次いだ。ただし、安全な金庫を望むのであれば、多額の費用を払う必要があるという。「最悪なのが、所有する貴重品のすべてを一つの質の悪い金庫に収納しておくことである」と、ニュージャージー州のメガ・セーフという店のある販売員は言う。必要なのは、TRTL-60XC規格に適合した金庫だ。つまり、金庫破り集団が酸素アセチレントーチを使っても、一時間以内に金庫の六面のいずれの面にも穴をあけることができないものである。したがって、無駄な支出が難しくなり、**蕩尽的な**ことをするのが難しくなったとしても、最後の散財として、少なくとも現金や宝石を保管しておくために超高価な箱を買うことはできる。あるマンハッタンの女性実業家は、「こんなご時勢だから、自宅の部屋に何か置きたいと思っていました」と言って、四〇〇〇ドルする「朱色」の金庫を購入したと報じられている。その女性実業家はまた、その赤い色を気に入っていた。「もし余裕があれば、家に帰ったときに色のさえない金属ではないものを見たいですよね。この金庫はとても素敵です。美しい品です[6]」。

何のことはない、『ヴォーグ』誌の二〇〇九年九月号の表紙に、秋の色は赤だと書かれていたのであった。極めて影響力のある著名な編集者で、世界のファッションの女王であるアナ・ウィンター(R・J・カトラーのドキュメンタリー映画『九月号』〔邦題『ファッションが教えてくれること』〕で取り上げられ、映画『プラダを着た悪魔』では、ほぼ脚色なしで最大級に嫌な女性として描かれている)は、「編集後記《エディターズ・レター》」の中で以下のように**蕩尽的な**事柄をうまく書き表している。「現在の流行は実用的で入手しやすいものに向いているが」――すなわち世界的な景気後退を理由としてより安価なものへと向いているが――、「『ヴォーグ』には今まで以上にヴィジョンのある旗印を掲げる責任がある」と。バタイユでさえ、これほどうまく表現できなかった。ただし彼であれば、責任感にかられてはヴィジョンなど示せないのではないかと疑問を付すであろうが。同じく注目に値するのは、(厚さは一インチ、重さは数ポンドある)『ヴォーグ』が広告と本文を識別することを、不可能でないまでも困難にしていることである。そのつやつやした紙面の大半にはページ数さえ振られておらず、商売と美を意識的に区別することが不可能なほどの渦の中で広告と本文が溶け合っている。ようするに、**蕩尽**の爆発が起きているのである。

今まで以上にである。実際に、広告のおかげでウィンターは流行の中で何が問われているかを見極めることができた。『ヴォーグ』のクリエイティブ・エディターであるグレース・コディントンが当該号のために創作した「赤ずきん」という華麗な幻想的作品を例にして、ウィンターは巧みにも、〔その幻想的作品が〕「夢と不可能性の世界でファッションを持続させている」と述べている。

蕩尽の論理は、たとえあなたが浪費するまいと試みているとしても、その試みもまた結局は**蕩尽**になるのだというものである。レンタルしている運転手つきのロールス・ロイスを乗り回すのを止めるつもりだと宣言した、マンハッタンの有名な女性の不動産仲介業者の例をあげよう。景気後退の勢いが増しているなかで、彼女はとても不安になっていた。あまりにも不安だったので、アウディのステーションワゴンに格下げして、ロールス・ロイスは駐車場に入れておくほどだという。長期契約からは逃れられないので、かなりの高額であるロールス・ロイスの賃料は飲み込むことにしたそうだ。結果的に、彼女は「倹約家に見えるという特権のために、気前よくお金を出す結果になってしまったのかもしれない(7)」。

ただし新しい物語によれば、彼女がロールス・ロイスに最後に乗ったときに、五十九番街とマディソン・アベニューの交差点の角のところで、二人の中年の女性がロールス・ロイスに満面の笑みを浮かべて、喜びのあまりお互いを小突きあったという。「彼女たちは乗客に苛立っているようには見えなかった」と、新聞記者は書いている。「二人は本当に喜んでいるようだった。まるで、見たこともない素敵な鳥が飛んでいるのを見つけたかのように」[8]。

要するに、私たちは蕩尽に特有の矛盾を抱えている。最初にロールス・ロイスの豪華さがあったが、その後に同車を隠しておいて使わないという贅沢があって、それから同車を目撃するという純然たる愛があり、その愛はおそらくバタイユを魅了したであろう次のような詩的言語で記述されるのであった。「二人は本当に喜んでいるようだった。まるで、見たこともない素敵な鳥が飛んでいるのを見つけたかのように」。

くまのプー

見たこともない素敵な鳥が飛んでいる。とはいえ、アメリカ合衆国の強大な経済における蕩尽を例示する最大の出来事は、二〇〇九年初頭に起きた危機そのものである。一つの極からもう一つの極へ、一つのスキャンダルから次のスキャンダルへ、さらには数十億ドルの緊急経済対策から次の経済政策へと揺れ動いた。これらの経済政策の狙いのひとつは、神々しいまでの損失が天文学的な水準を超えようとしているただなかで、人びとに再スタートを切らせて以前のようにお金を使わせようとするものだった。この黙示録さながらのごちゃまぜ状態をうまく捉えているのが、二〇〇九年一月の雑誌『ニューヨーカー』の表紙だ。旧約聖書の預言者を想起させるような、裸足で髭をはやして貫頭衣を着た男が、マンハッタンの五番街にあるような洗練されたショーウインドウ――高価なドレスとそれに合う女性靴が陳列されている――の前を決然と行きつ戻りつしているところであった。彼はどんよりした立て看板をしっかりとつかんでおり、そこには黄色の文字で走り書きがされている。

終末は
近い
大特価

鳥たちが飛んでいる。今やアメリカでは、悲惨な光景が顕在化している。かつて緑が生い茂っていたカリフォルニア州のセントラル・バレーでは作物が枯れ果て、大地は渇水でひび割れ、経済活動は消え失せ、失業率は国内最悪で三〇パーセント近いのである。一体誰が、そんな姿を想像できただろうか。だが、私の第二の故郷であるコロンビアのプランテーションの町にあるニマの美容室を訪れる人びとは、失業率三〇パーセントを少なくとも数十年間にわたって耐え続けてきた。一八五一年の奴隷制廃止後の時代には人びとは小さな農場を所有していたが、それもアグリビジネスが町になだれ込んだ一九五〇年代に終止符を打つことになった。失業率の高さはそれ以来ずっと続いている。

ニマの店からそう遠くないところにあるパイラ川のほとりには、ごみが山積みになっている。白いビニール袋が浮かびあがり、低空を飛ぶ鳥のように漂っている。がっちりした体つきの若い牛飼いのガブリエルが、一頭の牛の口からビニール袋をやっと取り出しているのが見える。ビニール袋が腸をふさいでいるのだと、ガブリエルは言う。想像してみてほしい。かつて羊飼いや牛飼いはあの木陰で笛を吹き、太陽の移動で時間を測り、狼や家畜泥棒の心配をしていた。それが今や、一番の心配事はビニール袋なのである！ ほんの十五年前にはビニール袋はなかった。人びとはプランテイン（すなわちヴィアオウ）(五)の葉を使って、傷みやすいものを包んでいた。もちろん、ビニール袋は安価で実用的だと、あなたは言うだろう。そうだとすれば、購入したものはすべて——つまり鉛筆からポークチョップまで**すべて**——が呼吸をするように自動的にビニール袋に詰められる理由を、説明しなければならないだろう。これは古き良き**蕩尽**をめぐる古典的な事例ではないだろうか。すなわち、誕生日プレゼントを包むかわいい包装紙やエル・メヒカーノの黄金の廃棄物のように、私たちの気の抜けた魂を喜ばせてくれる**日常的な無駄遣い**の好例ではないだろうか。

そのうえで、この聖書に出てくるような光景を見てほしい。向こうの牧草地で若きガブリエルがビニール袋と牛を相手に格闘している場面である。それはあたかも、宿命そのものによって人間を教化するために用意されたスペクタクルのようだ——人間は自然と闘うのではなく、牛の喉に飲み込まれようとしている厄介なビニール袋という形をとった文化と格闘している。ただし、そのことに気づいているのは、年に一回戻ってくる異邦人である私を除いて他に誰もいないのであった。ガブリエルの格闘は無駄な上演なのだ。**蕩尽**の**蕩尽**である。

さらには、上流にある製紙工場から川へ流された化学物質による環境汚染について考えてみよう。

自動車用エタノールを供給するために金持ちの白人連中が所有する強欲なサトウキビ畑に流し込まれた何百万トンもの殺虫剤、肥料、ホルモン剤による汚染については言うまでもない。数インチではない。何千年もかけて数メートルの厚さを持つに至った、素晴らしく肥沃な黒い表土を数十年で消耗してしまうとは、何たる破壊的な**蕩尽**であろうか。

表土自体は前史《プレヒストリー》の廃棄物である。だからこれは、宇宙規模での**蕩尽**である。谷の両側にある山の尾根高くで火山が中身を吐き出した時の排出物と浪費、すなわち自然のカーニバルを強調しておこう。踊り狂う炎が高温の鉱物を大量に含んだ火山灰を吐き出し、空に赤と黒の切れ目を入れたはずだ。それから灰は蛇行する水流や湿地や三日月湖に流れ込み、貴重な表土となった。その表土のおかげで、スペイン人による征服期以前のインディオは、川の水が引いた後で狩猟や漁労をして、幸福に過ごせたのであった。今日その川は流れをせき止められ、太鼓腹で、狡猾な目をし、これまで**山刀**《マチェーテ》やスコップを手にしたことがないし今後もないであろう、アグリビジネスの経営者の利益のために抑え込まれているのである。

パコラというのは、サトウキビを刈るマチェーテの名称である。パコラは、幅広の頭頂部がシュモクザメのようでとくに長く、〔側面となっている〕三つ刃のすべてが尖っている。農学者のホルヘ・ヒラルドが教えてくれたのだが、研究によるとサトウキビ刈り労働者は、一日平均で二千回腕を振るって五、六トンのサトウキビを刈っているという。次に砂糖を一匙入れるとき、ペプシを一本飲むとき、あるいはバイオ燃料で道路を一マイル走るとき、あなたの頭に浮かぶことかもしれないし、考えようともしないことかもしれない。さらには、燃えるような暑さのなかでサトウキビの葉で傷ついたことで生じる痒みを防ぐために、頭からつま先まで分厚い衣服で皮膚を覆っているということも考えてほしい。そして圧倒的な退屈を。とはいえ、そこまで心配しなくても大丈夫。〔サトウキビを刈るために〕振られる腕の持ち主は時代遅れになり、高価な輸入機械に置き換えられているのだから。では、その腕はこれから何をすればいいのだろうか。労働は悲惨だった。だが仕事がないことのほうがもっと悪い。このように大規模に蕩尽されることで、男たちはスラムと犯罪の裂け目へとさらに深く漂い、絶望的な状況に気づいている彼らの子どもたちもまた、とっくにその方向に向かっている。

一九六〇年代、小農たちと彼らの森林農業を買い取って巨大なサトウキビ・プランテーションが新たに生み出されたことで、前史における灰の雨は形を新たに再来した。今日、サトウキビの収穫準備期になると、火をつけられた畑から立ち上る黒い灰で毎日空が埋めつくされる。サトウキビ畑には、たくさんの広葉雑草が生えている。十年前までは、サトウキビを刈る男たちの手で除草されていた。だが今や労働者の数を減らすために、プランテーションの所有者たちは収穫の一日か二日前に畑を燃やして広葉雑草の多くを取り除くだけではなく、大気中に膨大な量の二酸化炭素を排出している。赤道に近いこの地では季節変動はほとんどないので、サトウキビは年間を通して作付けされており、それゆえにつねに収穫中の畑がある。畑は赤い咆哮をあげている。空に立ち上る煙はかつての火山のようだが、猛り狂った起源を裏切るような荘厳な静けさのなかで、黒灰は町へと降り注ぎ、洗濯たらいの中に入り、干してある洗濯物の上に付着し、私たちが歩く道の上に堆積し、私たちが吸う大気の中を舞っている。

先に述べたように、古代と現代における宇宙規模での**蕩尽**は、それとは対極にあるものと結びついている。すなわち、画一性のわびしさと想像力の不毛さが計り知れないほど広がり、もう一つの野生の極致にまで達しているのである。まったく同じサトウキビ畑が、まるで永遠に続くかのように広がっている。その直線は厳かなほどに不自然で、化学的に栽培されているサトウキビのほかは植物のみならず人間を含めた生命の可能性が土地そのものと同様に平たく押しつぶされているようだ。何もかもが同じである。ひどく容赦もない同一性が、埃にまみれ、悲しみと恐怖に覆われている。ここではめったに鳥や小動物を見かけない。生きている存在がここまで反生命的であるとは考え難い。かつて私が、サトウキビ畑にいる悪魔の物語を耳にしたのも不思議ではない。だがそれは当時のことだ。今やここは悪魔にとってさえきつすぎる。コロンビアに来た観光客の言葉を耳にしたことがある。サトウキビ畑は人の頭をはるかに越えるサイズになっていて、しかも隙間がまったくないから、一度畑の中で道に迷ったら二度と出てこられなくなるかもしれない。これが誇張された言い方であるのは間違いないが、私がこの発言を思い出しているのは、これが幽閉について、身体的・経済的・政治的な迷宮から抜け出すすべがないという詩的リアリティを表しているということである。視界には人も家も見えない。ひたすら静寂があり、頭の上からは太陽がジリジリと照りつける。カカオ園にあった小農の家はなくなってしまった。このあたりでは、一九六〇年代までは非常に多様な生物種を有していたカカオ林が一般的であった。熱帯雨林を踏襲しながら、カカオ、コーヒー、プランテイン、柑橘類の森林農業が行われていたが、それはもう昔のことになってしまっている。

　私が言わんとしているのは、衣服に対する、そしてここでまさに私の問いの対象となっている人間の身体に対する美学があるのとちょうど同じように、土地の利用の仕方に関する美学もあるのではないかということである。なぜ私たちはそのことを理解していないのだろうか。なぜ私たちは、文化と呼ぶ領域や消費と呼ぶ領域に美学を限定してしまって、こうした領域を経済学と切り離し、**農業**《アグリ》**－文化**《カルチャー》の中にあるカルチャーを忘れてしまうのだろうか。トロブリアンド諸島民がヤムイモの生産についてこのように区別することはありえないだろうし、ヌアー人が牛についてそうすることもない。資本主義が労働と自然を疎外することでゲームのルールを変えてきたことは確かである。とはいえ、巨大な営利企業やもっとも実利的な決断さえも、「大きいことは良いことだ」という美的選好に導かれていることも間違いない。また、木を切り倒したり、黄金の〔M型〕アーチを掲げたファーストフード店に車で行ってビッグマックを食べる文化に変貌したりするための道徳的要請が、ないわけでもないのである。

　これがお金を稼いだり、食べたりするための唯一の方法でないことは確かである。経済的必要性ないしは利潤欲求こそが、こうした独特な生活形態を現代世界に強いているのではないだろう。ちょうど消費形態が多様にあるように、小規模であれ大規模であれ、何かを作る方法も多様であり、それぞれに独自の観念や個別の物語や固有のスタイルがある。ここでフレーザーの『金枝篇』に収められた「樹木崇拝」の章に出くわすとは、驚くべきことではないか。小農による伝統的な農法を形作ってきた木々は、砂糖プランテーションによって皆伐されてしまった。これは、北アメリカやヨーロッパの開放耕作型の**農業‐文化**におけるアグリビジネスのモデルを熱帯地域に強制するためであった。このことは、科学的で経済的な計算の結果であると同時に、植民地におけるコピーであり美的な支持表明なのである。小さいことはもはや美しくない。宇宙整形は、コロンビア人女性たちの身体になされるよりもはるか以前に、コロンビアの景観にほどこされていたのだ。

　技術的なものは、つねにすでに美的である。マルセル・デュシャンの「レディ・メイド」という作品群が、このことを認識させてくれる。コート掛け、シャベル、男性用小便器。これらはみな、役立つ技術であるのと同じく芸術作品でもある。デュシャンのダダイズムは、芸術と美学のパロディーだと解釈されてきた。だがこの解釈では、効用や科学技術や経済学を芸術や美学から切り離すことができるという想定に対する、デュシャンの作品における批判を見逃してしまう（アートワークに含まれている「ワーク」という単語の用法に注意しよう）。「経済的なもの《ザ・エコノミック》」という語に付与された近代的な意味のせいで、私たちはこうしたつながりが見えなくなっていたのかもしれない。しかし、より古い言葉である古代ギリシア語の**オイコノミア**が世帯経営の技術《アート》（制作）を意味していたことが、核心を捉えている。この点において同じなのが、今日でも手工芸という単語が意味していることである。手工芸においては、美的なものが技術的課題になっているのと同様に、技術的なもののもまた美的なものだからである。シェーカー家具を見るがいい。魔術に対する感受性も、精霊の役割も明らかに見て取れる。アフリカの鍛冶屋の作品や、アフガニスタンのヘラートのガラス吹き工の作品も同じだ。思い切って言うならば、潜在的には、他の場所における工芸にも、さらにはバスケットボールなどのスポーツの技能《クラフト》や劇場に立つ俳優にも見て取れる。俳優たちは、舞台に立つ人に向かって「脚を折れ／がんばって《ブレイク・ア・レッグ》」と言う。トロブリアンド諸島民やヌアー人の経済が好例だが、一九三〇年代後半のサンフランシスコで早朝に毎日の気象図を作成している若い気象学者の次のような記述も同様である。最先端を走るこの若者は、天候を物理学の一分野だと考えている。直感で天候を見る術策に富む年寄りたちとは違って、海上の船舶やアメリカ合衆国中の管制局から送られてくるデータに複雑な方程式をあてはめることが好きなのだ。速度や加速度、コリオリの力、そして摩擦のない水平方向の直線的な流れに関する方程式である。ジョージ・R・スチュワートは小説『嵐』の中で、「きちんと訓練を受けていて数学を得意とする気象学者にとって、そうした方程式はギリシアの壺よりも美しいのだ」と書いている(1)。

　美学は、私が髪を切ってもらうニマの美容室をはるかに越えて広がっている。ニマの美容室を小宇宙、すなわち美の生産と保全のためのアトリエだと考えてみよう。ただし、髪と同じことは、ヴィトゲンシュタインが「生活形式」を社会全体に拡張したことにも当てはまる。そうしたアトリエのもう一つが、ニマの美容室から数ブロックのところにある共同墓地である。七十歳で死んだある男の墓の前で立ち止まって、おどけた口調でラウールが私に説明してくれたことによると、その墓の男は若い女と愛し合っている時にバイアグラに起因した脳血栓症のせいで死んでしまって、全裸で発見されたそうだ。その女は、「彼は頭が痛いと訴えていた」と言っていたという。ラウールの話しぶりでは、全裸の男性はまさにこの共同墓地の中で発見されたかのようだった。その光景が数カ月にわたって私の頭を離れなかった。ひょっとしたら実際にそうだったのではないかと。私の心の目には彼らの姿が、すなわち全裸の老いた男と若い女が墓石のそばで抱き合っているのが見える——愛と死が互いの抱擁の中に包まれた、美女と野獣の真髄。最近は若い男も勃起を持続させるためにバイアグラを使っているんだ、とラウールは言う。それとは別の美女と野獣の物語がある。いや、実際にはたくさんの物語があるのだ。

美容室と共同墓地のあいだにある通りを、「ベイビー・シャワー」といった英語名を掲げた小さな店頭から発せられているプラスチック風のピンク色の輝きが照らしている。二つの店舗の間に、脚の大部分を見せているセクシーな女の子が赤いプラスチック製の椅子に座っていた。彼女の脇には、スペイン語で書かれた次のような黄色いネオンサインがあった。

今晩盛大なパーティーをしよう
美しい女性を引き当てて、アグアルディエンテを一杯

バタイユは、**過剰は美である**と言っていた。たしかに、あの墓地には過剰な活力が溢れていたこと

だろう。だがそれを引っくり返して、**美は過剰さなのだ**と言うことはできないだろうか。そうすることで、墓地から数ブロック離れたところにあるニマの美容室に私たちは引き戻されるだろう。

墓地。それは記録保管場所なのだ！　同じ年の同じ街で、ルス・マリナは隣人について私に語ってくれた。二十三歳だった隣人は殺されて、おそらくチェンソーでバラバラにされたという。これを書きながらも、私にはマリナの声がはっきり聞こえる。彼女はいつだって意図的に、慎重に話す。「殺された男の墓と棺は三回も開けられたのよ」。「バラバラになった身体の部分を元に戻すためにね。殺人者たちは車でやってきて、田舎にあるラス・ブリサスへ彼を連行したの。その地で、人びとは彼の悲鳴を耳にしたのよ。彼は非行少年《デリクエンテ》だった。これは復讐だったのよ」。

その物語の中で私が一番驚いたのは、墓と棺桶が繰り返して開けられて、遺体のさまざまな部分が追加されていたことである。ここに見られるのは、冷淡さの加速である――しかも驚くべき速度で！「細部」こそが他のすべてのものに火をつける。バタイユの用語でいうならば、この**蕩尽**こそが、すなわち（バラバラになった身体部位そのものにおける）「過剰さ」こそが、そもそもひどいこの話を完全に度を超えた話にしているのだ。まさに、恐怖と実務の混合を前に、息（ここでは魂）をのまされる〔度肝を抜かれる〕のと同じことだ――〔魂／肝は〕一体どこに持っていかれたのだろう。さらには、この恐怖の物語を繰り返し耳にしながら、この物語もまた関連しているさまざまな行為や出来事と同じくらいに一つの美学――すなわち一つの美術作品――であるということを私が見失ってしまうのは、なぜなのだろう。こうして、美容室と墓地は一つに混ざりあう。

それから二週間後の夜八時、私はメデジンの街のダウンタウンで、民兵組織に故郷を追われた人のためのホームレス施設の外に立っていた。ここは、娼婦たちの集まってくる賑やかな交差点である。その中の一人は、身長六フィートで、黒と白のタータンチェックのミニスカートを履いていて、美しい。(本当に女性であるとすれば)彼女は、自分のスカートの後ろ側をまくりあげて、剥き出しになった臀部に自らの両手を置き、車やバスが轟音を立てて通り過ぎるなかで両手をリズミカルに弾ませている。彼女と対照的なのが、娼婦の序列において対極に位置づけられる女性たちで、ドラッグと数々の不幸に打ちのめされて顔が非対称に歪んでいる。十八歳位の女の子が一人、明らかに妊娠していて、膝丈の汚いパンツを履き、シャツをまくりあげてお腹をかなり露出し、スリッパのような靴を引きずりながら立っている。

このホームレス施設で、着いたばかりの難民たちと会った。メデジンを州都とするアンティオキア州の南西にはコンコルディアという町があるが、その周辺の田舎から来た人たちだ。その日が施設で迎える最初の晩だった。逃亡中の七人家族で、四歳から十一歳までの子どもが五人、若いが歯が数本しかない母親のファティマ、そして明るい青と金色のサッカーユニフォームを着た父親のエドウィン。末っ子の名はカミラだが、家族全員が「ラ・レイナ」、すなわち女王様と呼んでいる。一家は自分たちだけで小さな一部屋を使っている。薄暗く、暗い色をした寄木張りの床で、二段ベッドが一つある。尿の不快な臭いがしている。とはいえ彼らは陽気な一団で、笑顔で冗談を盛んに言っている。コロンビアでだけだ、と私は心の中で言う。コロンビアでだけ、災厄のただなかにあ

りながらも笑うことのできる人と私は出会うのである。そのことをバタイユであれば**蕩尽**に含めるのだろうか。私はそうしたい。そういった笑いは、十全に輝きを放ちながら無駄に消費することなのである。
その一家は以前、収穫時期になるとコーヒー摘み取りの日雇い労働者として働いていた。父母はそれぞれ子どもたちを従えながら働いており、摘んだ量に左右されたが一日七ドル稼いでいた。収穫を終えると、父はどんな仕事でもして一日

で四ドルを稼いでいた。私が過去時制を使っているのは、一家がこの街を離れたり、コンコルディアに帰還したりすることができるとは思えないからである。その宿命的な名前に注意してほしい。〔調和の女神である〕コンコルディアとは程遠い。明日は、街に出てチューイングガムを売るつもりだと、エドウィンは言う。

彼らの説明によれば、民兵組織が家にやってきて、エドウィンに加入しろと強要した。その翌日に、衣服と赤いテレビと四つのくまのぬいぐるみを持って逃げてきた。ぬいぐるみのうち三つは六インチ程の小さなもので、一つがくまのプーと名づけられた、黄色い毛に青い服を着た約一フィートのオッソ・グランデ（大きなくまのぬいぐるみ）であった。

役に立たない出費だろうか。**蕩尽**なのだろうか。そんなことはない。くまのプーはちがう。テレビもちがう、とくにこの赤いテレビは！　こうしたものが、逃亡してきた家族の至宝の品々ではないだろうか。くまのぬいぐるみやテレビの完全かつ痛快な価値は、それらが実用的ではなく、それでいてそれなしでは人生が立ち行かなくなるような贅沢品であるという事実にこそあるのではないか。もちろん、プーと三つの小さなオッソ、それに赤いテレビは、その殺伐とした世界の中で慰めと安心を与えてくれていて、それゆえに有益である。それと同じ論理に従えば、エドウィンの明るい青と金色のサッカーユニフォームは有益であると言ってよいかもしれない。ただしそうしたものは、実用的ではないという限りにおいてのみ、有益なのだ。

くまのぬいぐるみとテレビを贅沢品と呼んで、エル・メヒカーノの持つさまざまな贅沢品と同じカテゴリーに落とし込んでしまうことは、とんでもない同一視だと思われるだろう。しかも、警察や軍隊から密かに支援されながら、ファティマやエドウィンや五人の子どもたちのような人びとに逃亡を余儀なくさせることで贅沢品を蓄えているのは、エル・メヒカーノなのだ。エル・メヒカーノの金色の文字が浮き出ているトイレットペーパーは、こうした暴力に由来している。エル・メヒカーノが排便する時、便座で力んでいる時、彼があらゆる人びとと土地のうえに便をまき散らしたコンコルディアにおける暴力を、彼の身体は模倣せざるを得ない。だが同時に、彼の目はJGRGという浄罪をしてくれる四つの頭文字を捉え、彼は過去の悪事をきれいにふき取って水に流すのである。

かわいくいたいけなくまのプーと、エル・メヒカーノが自分の尻を拭うために使っている金色の文字が浮き出たトイレットペーパーとを比べようとするなんて、美女と野獣のおとぎ話が現実にあるという残酷な理屈以外によっては思いもよらないだろう。

支出《スペンディング》

最近まで資本主義は、やみくもな支出や贅沢とは緊張関係にあり、実用性と倹約精神の名の下に、ここで見てきたようなわれわれ人間の持つ野性的な本質を抑え込んできた。私は一九四〇年にオーストラリアで生まれた。子ども時代、そしてイギリス、コロンビア、アメリカ合衆国で過ごした成人後の大部分において、私にとって資本主義、より一般的には「経済」とは、生産を意味するものであったと言えるだろう。すなわち製鋼場、炭鉱、織物工場や農業で見られるような生産であり、投資（善）の対極にあるとされた個人消費（悪）を厳しく締めつけることと結びついていた。「生活必需品」以外に支出することは、世界との闇取引だった。人びとは失恋を乗り越えるために、あるいは新年や競馬で勝った時のような特別なことを祝うために、この取引を行った。それは治療であり、どんちゃん騒ぎでもあり、戦争と同じように、かつてカーニバルや魔術の占めていた役割を果たしていた。そうでなければ、それは罪なのだ。

投資すべき場面で支出してしまうことは労働者階級の人びと（そしてそれ以上にルンペンプロレタリアート）が行うものであり、それは不足の事態に備えて貯蓄するというミドルクラスの倫理が欠如していることによると考えられてきた。彼らには自制する能力がないとされ、財布に僅かなコインが入れば（財布を持っていればの話だが）、飲酒やギャンブルや買春や買い物に使ってしまうものだとされた。このような大いなる出費者にして浪費家が、第二次世界大戦の末期まで西欧の想像力を捉えて悩ませたのであった。しかし戦後に支出すなわち「消費主義」は、新しい宗教のように、地位を高めてくれる素晴らしく善いもの、精神を啓蒙し向上させてくれるものに変化した。その十年後には、ビクター・グルーエンという名のオーストリアの建築家にして社会主義者が、ミネソタ州ミネアポリスの郊外に世界初のショッピングモールとされるものを設計していることも示唆的である。「商売人が文明を救う」という印象的なフレーズは、グルーエンの洞察力を示している。数年後にグルーエンは、自らの抱いたモールの構想が実際には「古き良き町の広場《イー・オールド・ヴィレッジ・スクエア》」のようには機能しなかったことに失望して、自分のモールは駐車場という海原に浮かぶ大きな箱に過ぎないと非難し、嫌気がさしてウィーンへ戻っていったのであった。あとに残されたのはグルーエンが「巨大なショッピング機械」と呼んだもので、のちに九・一一直後のアメリカ大統領によって、アメリカが日常を取り戻すためにこれらの機械の中で買い物することを呼びかけられるに至っている。こうした機械は今や世界中に存在しており、かつて第三世界と呼ばれた地域の都市にもたくさんある。

こうした歴史の中でクレジットカードの発明が画期的な出来事であったとすれば、「福祉の女王《ウエルフェア・クイーン》」〔福祉予算をだまし取る女性を意味し、とくに黒人やシングルマザーに向けられる蔑視語〕もまた同様である。両者は重大なジレンマを表している。すなわち、一方で浪費文化《スペンディング・カルチャー》を煽りながら、他方でその文化を社会の成員としての責任と資格を有している者に限定することが、同時に要請されているのである。ここでいう社会の成員とは、まっとうな職業に就いて真面目に働き、大金持ちへの緊急救済措置のために確保してある福祉国家の乳首を吸わない者に限られる。今やこれらの区別がどれだけ絡み合いながら滑稽なものになったのかを示すのが、アメリカ合衆国の赤字が右肩上がりに増えている一方で、歳出を止めることなく赤字を減らせないことである。おそらくそのために消費者は、専門家の言う「消費者の筋力《コンシューマー・マッスル》」を使って経済を再軌道に乗せることができなくなっているのである。この「消費者の筋力」という効果的な文句によって、革命が今や完全に達成されたことがわかる。**消費**は**生産**に、少なくとも「筋骨たくましい」ものへと変容した。この生産あるいは筋肉、すなわちプロテスタントの倫理の最後の一藁は、支出それ自体の輝きを取り込むことはできない。しかし実際は、支出のための支出こそが、**蕩尽**によって突き動かされたアメリカ合衆国の行う戦争においても、あるいはショッピングモールやイーベイにおいても、災厄を引き起こしているのである。

では、「消費者」とは正確にはいったい何なのだろうか。

この第二次大戦後に新しく誕生した生き物には、実ははるかに古い、むしろ太古の存在が付随している。その存在は、すでに社会の想像力の中にどっしりと根を下ろしてきたように見える。たとえば、ロンドンの貧困層について根気強く描いた年代記編纂者であるヘンリー・メイヒューによる、十九世紀中盤の放浪者像が挙げられる。こうした階層の人びととは、彼の考えでは時代や場所を問わず——南アフリカのハイベルトで以前よりは定住するようになった先住民の村と野営地周辺をうろうろしている人びとであろうと、欧州の色々な首都においてであろうと——見受けられる。メイヒューがそうした人びとを「さまよえる部族《ワンダリング・トライブ》」と呼んだこともそれほど不思議ではない。「さまよえる部族」は、しっかりとした顎と頬骨と小さな頭、そして頭脳に送るはずの血液が流れる巨大な筋肉を持ち、秘密の言葉であるキューズ・キャット（六）（すなわちスラング）を話し、規則正しい継続的な労働を嫌悪していた。知覚麻痺を起こす草や根、酩酊するための酒に情熱を注ぎ、ギャンブルをこよなく愛し、煽情的な踊りも愛し、感覚を有する生き物の苦しみを目にすることを喜び、スポーツや闘争を楽しみ、復讐を愛し、所有概念をほぼ持たず、女は貞淑さを持たず、宗教感覚もあいまいにしかないとされた（1）。

ここに羅列したことは、私の考えでは、貴族にもほぼ当てはまる。貴族は労働を嫌悪し、酒に情熱を注ぎ、もちろんギャンブルやスポーツ、闘争をこよなく愛しているからである。これらはすべて、バタイユが**蕩尽**と呼んでいる度を越えた消費の証である。未開人と貴族は、**蕩尽**の、すなわち浪費という大いなる芸術の玄人として、深いつながりを有しているのである。

さて、それとは異なるさまよえる部族がいるが、それは今日の十代の若者である。世界の歴史は、家族の歴史でもあるのではないだろうか。私の子どもたちが七歳くらいの頃には、個人の心理的指向、さらには国家的・国際的な経済文化も根底から変化していた。子どもたちが十代の若者になった一九九〇年代初頭においてはその傾向がより強まっていた。私にとって進歩を象徴していたのは、製鉄所、ペニシリン、自動車、高速道路の建設であった。それが、ナイキの靴、ティンバーランドのブーツ、野球帽、テレビゲーム、ウォークマン、ブランド物のTシャツ、ウィンドブレーカーになったのだ。さらに若者たちは、合法的なのものであれ闇取引のものであれ、麻薬について知りつくしていた。みんな、歩く薬局になっていた。友よ、それが本物の**蕩尽**というものだ。本物の**蕩尽**に対して冷笑を込めて婉曲的に表現した語が、まさに「麻薬」なのだ。

私が子どもだったころ、一九四〇年代のオーストラリアでは、経済という語は羊と勤勉な小麦生産者を意味していた。今日、経済という語は、オーストラリア大陸全土から石炭を略奪して中国に輸出することを意味している。土地は深く広く、薄い砂土層以外は何も残っていないと思えるまで掘りつくされ、おかげでオーストラリア人はますます金持ちになっていって、中国製のものを買うことができる。子どもたちがよく言っていたように、どこまでも深く穴を掘ればしまいには中国にたどり着く、ということなのだろう。メーメー鳴きながら走り回る羊や困窮した小麦生産農家のことは、長らく忘れさられてきた。いずれも、かつて支出ではなく労働に打ち込んでいた汗臭い国民を象徴していた。オーストラリアには現在、世界最大規模の家が複数あると言われている。そのことに私は驚かない。オーストラリアの石炭埋蔵量は何世紀分もあると言われているが、掘り尽くされてオーストラリアが大きな穴になってしまえば、豊富に埋蔵されていたウラン鉱石を売られた国々は使ったウラン鉱石をオーストラリアに送り返して、空いた穴を放射性廃棄物で埋めるためにお金を払うだろう。この小さな金のなる鉱石を前にすると、アステカの供儀、北アメリカ北西海岸のポトラッチ、そしてチベットの神権政治といった、バタイユが**蕩尽**について取り上げたさまざまな事例はかすんで見える。

これらすべてを先取りしていたのが、私が幼少期に好きだった『まほうのプディング』である。同書を執筆しイラストを描いた画家のノーマン・リンゼイは、一九二〇年代にシドニー郊外にあるブルー・マウンテンズに住んでいた。『まほうのプディング』は、足が速く、機転が利き、素晴らしい魔法を使えるプディングの物語である。このおいしいプディングは何度食べられたとしても、またあふれんばかりに自らを満たすことができるのだ。この物語は、いかにバタイユの言う普遍経済が子どもの想像力に依拠しているのか、いやむしろ、子どもの想像力についての大人の想像力に依拠しているのかを示す好例だと言えるだろう(2)。

一方アメリカ合衆国では、サッチャー－レーガンの素晴らしい新世界ではどこでもそうであったが、ウォール街が政府による規制から解放されて、メイヒューの言うさまよえる部族と同じようにコカインによって引き起こされたカーブを駆け上がっていた。具体的には、前代未聞のリスクどころではないほどリスクの高いローンに賭けて、生活困窮者とまではいかないとしても物欲しそうな人に、もう少し**蕩尽**するようにとそそのかし、手の届かないような家の住宅ローンを組ませたのだ。

かつてバスルームが一つあるのがふつうだった郊外のミドルクラス用の住宅は、一九六〇年代からどんどん拡大していった。一九九〇年代までには、子ども二人と犬一匹がミドルクラス家庭に必須となり、家族は孤独を感じるほどに広々とした巨大な大邸宅に住むようになった。外の世界とは、正面玄関ではなく、二台駐車できるガレージを通してつながっていた。あなたを家の中まで連れて行ってくれる車がどんどん大きくなり、家のような大きさになるにつれて、車の窓ガラスはどんどん暗さを増していった。いったい彼らは何を恐れているのだろうか。バタイユはそこかしこにいて、「私の言った通りだ!」と叫んでいるか、そうでなければ腹を抱えて笑っている。

暗い窓ガラスの後ろで大きくなったり見えなくなったりしながら、家は匿名性を増す通りから隔離されていった。正面の張り出し玄関は過去のものになった。暑い日の昼下がりに戸外に座って、ノーマン・ロックウェル風に隣人たちに挨拶するなんてとんでもない! 今や人びとは空調設備を手にし、他所の人びとを(恐れているわけではないにせよ)わけもなく嫌っている。インターネットで買い物し、買ったものに囲まれてくつろげるので、家の中で生きることははるかに簡単になった。「家の中《インサイド》」は、どこまでも拡大を続ける〈無〉の渦巻として定義され、経験されるようになった。その一方で、ミドルクラス以外の人びと、ランニングマシンや無脂肪牛乳のある巨大な家を持たない人びとは、糖尿病と高血圧というエピデミックが世界規模で拡張を続けるにつれて、ますます太って、太って、さらに太っていった。いわゆる先進国(よく言ったものだ)の「インナーシティ」〔大都市中心部の低所得者居住地〕や第三世界の都市部における、獰猛な番犬付きの鉄格子のある扉や窓、そして塀の上に並べられた割れたガラスの破片が、消費を通した終焉に捧げられたわれわれの新しい生活の実態を示している。それでいて、人びとは若者がなぜ麻薬に走るのかと不思議がっているのである。

「全力で走れ。支出して、支出して、支出しろ」。みなに愛された大地の妖精《ノーム》であり、国家指定の預言者で、グレート・コミュニケーター〔レーガン大統領〕以来、四人の大統領に忠実に仕えたアラン・グリーンスパンの言葉に耳を傾けよう。アメリカ先住民の所有するカジノと、ウォール街との違いを見分けろといわれても困るだろう。ただし、前者のカジノが着実にお金を稼いでいるのに対して、ウォール街の関係者たち、さらにはグリニッジやコネティカットのヘッジファンド経営者たちが、彼らの会社《ファーム》（〔堅実《ファーム》ではないので〕この文脈では奇妙な用語だが）の倒産時に救済してくれるアメリカ政府を必要としていた点では異なる。いわゆるネズミ講やポンジ・スキームが世界中で蔓延していたが、それはあたかも、どこにでもある資本主義自体は詐欺ではないと見せかけるためのようだった。実際は、日常的な資本主義の核心そのものが、ひとつの巨大なポンジ・スキームであり、自壊、救済措置、銀行家へのクリスマスプレゼントに結びついているのである。

同じように、ブルージーンズはもはや労働のためのものではなくなった。労働のためなどとんでもない！　バルマンのデザイナーであるクリストフ・デカルナンのデザインしたジーンズは、一本で一万ドルする。グッチの比較的低価格のブルージーンズは三九六ドルだが、色あせたようなダメージ加工が施してある。あたかも炎天下で柵の支柱を立てたり牛を追い立てたり（牛はもうどこにも追い立てられることはないのだが）した労働の日々を経たかのようだ。カウボーイは偽物、それもさらに悪いことに偽物の偽物なのだ。このような労働からファッションへの、そして実用性から優雅なスタイルへの移行が、ここで私の描き出そうと試みている世界史における転換をまとめてくれるのである。

　とはいえ、これは本当にそこまで新しいものなのだろうか。おそらくこうした大いなる歴史は、それよりも包括的な歴史のほんの一章、おそらくは最終章なのではないだろうか。この包括的な歴史において生産は、ほとんど予期せぬ偶然の出来事から発生したわき道であり、目的すなわち浪費を達成するための手段に過ぎなかったのではないか。マーシャル・サーリンズが豊かに描いた「始原のあふれる社会」では、穴掘り棒や弓矢や枝で編んだ籠を持つ（ただの）狩猟採集民たちに、儀礼や祝宴やぶらぶら過ごすための時間がたっぷりとあったのだ。[3] サーリンズの議論の核心は、**希少性**はいわゆる原始社会の証ではなく、いわゆる豊かな社会の証だということである。後者では、消費熱がこれにまでになく拡大して、資本主義的な成長が可能になるにつれて、これまで以上に消費しなければならないという感情が一層高まるのにあわせて、一度たりとも十分に所有していたことがないという感情も広がるという。

　それゆえに、マルクスがヘーゲルの『歴史哲学』を古代ギリシア・ローマに始まって、中世を経由して成熟した産業資本主義に至るまで書き直すのには、重点の変更が必要である。マルクスによる生産への注目は、心に刺さるものだが誤解を招いてきた。生産が人間の目的になったのは近代資本主義においてのみであり、それ以前の時代においては人間が生産の目的であった、というマルクスの見解も同様である。マルクスは疎外――その状態において、利潤／効率性の等式を解く鍵になるのが人間である――を正しく捉えていたが、「消費」の理論を持ち合わせていなかった。さらには、マルクスの「人間」観は必然的に、疎外の持つより荒々しい側面を検討することができないような抽象概念にとどまったのである。人間は、今や正真正銘の「生産の目的」になった――たとえマルクスが心に抱いていた人間とは違う何かだったとしても。

「生の総体的光景は、窮乏状態や飢餓状態ではなく、豊富、豊満であり、ばからしいほどの浪費ですらある」。メイヒューとマルクスがさまよえる部族について分析したのとほぼ同時期に、ニーチェは書いている(4)。それゆえに、私たちにはこの点に再び立ち戻るだけの十分な理由があるだろう。私たちには、歴史（「下からの歴史」）を理解するために、生産を悲観に結びつけてきた長く荒々しい伝統がある。したがって私たちにとって、この伝統がわきに置かれ、無意味な信心深さや慣習的なキリスト教の敬虔さと同等のものと位置づけられ、代わりに「ばかげた無駄使い」がこれまでなかったほどに今や歴史の原動力になっているのを目の当たりにすることは、衝撃的なことである。

こうした生産から消費への移行と、労働からファッションへの移行が同時に生じたことによって、驚くべきことが起きていた。ここ数年間、ファッション・デザイナーが富裕層向けに売りつける流行のスタイルを編み出すためにつぶさに観察してきたのが、ヘンリー・メイヒューの「さまよえる部族」、すなわち社会の底辺にいる自堕落な消費者であり、勤め人から危険な無職者とみなされている人びとなのである。社会階層の底辺におけるファッションを、長年にわたって富裕層が真似てきたことは間違いない。ただし、(変な言い方にはなるが)消費が産業になる以前に、そのような底辺のスタイルに関する体系的かつ集中的な研究が存在したとは考えにくい。

今日では、さまよえる部族のファッションは何の助けも借りずに富裕層へ浸透しているわけではない。『Lレポート』を例にとろう。雑誌『ニューヨーカー』のライターであるマルコム・グラッドウェルが一九九七年に書いた記事によると、二人の女性が半年に一度『Lレポート』をまとめていたのだが、彼女たちのやり方には見事なまでにいやらしいところがある。すなわち、人類学、監視、共感、スパイ、さらには人心操作を臆面もなく極めてクールに混ぜ合わせて、ゲットーの十代の若者に取り込み、何がクールなのかを語らせていたのである。キッズが何を着ているのかレポートすることで、メゾンがゲームに勝ち進むための手助けをしているのだ。『Lレポート』の執筆者たちによると、「今日の消費者は、年齢や収入に関係なく、これまでにないほどスタイルと格式を求めている[1]」。

これまでにないほど。なかでもあざといのは、「独自のネットワークによって、スタイルと品質に詳しい世界各地の「アーバン・パイオニア」からデータを集めた」という主張である。これを読んだ読者はたちまち、ファッションの燃え上がるような先端に立ち、世界中に広がったエリート集団に受け入れられる瞬間を感じる。マルタ騎士団や、エプロンにこだわるフリーメイソンや、その他の神聖な秘密結社、たとえばわれわれがつねに警戒を促されている一方で主流映画では華麗に描かれているテロリストのような集団に招かれたかのような。ひょっとすると、ファッションをめぐる興奮そのものが恐怖の根源的な側面なのかもしれない。

　つまり、この「アーバン・パイオニア」とは一体誰なのだろうか。もちろん、われわれはすでに会ったことがある。彼らはメイヒューの描くロンドンのさまよえる部族であり、あるいはバルザック、ユーゴーやデュマの物語で描かれるパリを活気づけている北米先住民たちのさまざまなヴィジヨンだったのではなかろうか。ボードレールの詩はごろつき気質《アパッチダム》のポエジーの基盤となり、少なくとも八十年間続く一つのジャンルになったのだ[2]。だが人里離れた崇高な森や砂漠が都市の鼓動に取って代わられたように、ファッションもニューヨークやロサンゼルスやシカゴのゲットーにさまよえる部族を見つけていた。

　このトリクルアップ式の流行吸い上げ機について、とくに好奇心をそそられる問いがある。なぜ「地区」の少女たちではなく少年たちだけに興味が向けられているのだろうか。男性的な能力（セックスと犯罪）という亡霊が、流行吸い上げ機には本質的に備わっていて、万有引力の法則やその他もろもろに背いているかのようだ。グラッドウェルが艶のある紙に十一ページにわたって「クール」について書いた記事は、『ニューヨーカー』を読んでいる明らかにかっこよくない層に向けられていた（トリクルアップとはこのことだ！　ジョン・アップダイクが描く白人のアッパーミドルクラスの郊外小説がこの雑誌を特徴づけている）。その記事には、少女に関する言及が一つも——**一つも**——ない。もちろん、コネティカット出身の二人の金髪の女性を除いては。彼女たちはなかなかうまくやっているようだ。ゲットーに飛び込んで今どきの若者のスタイルを調べ、世界中の搾取工場《スウエットショップ》で大急ぎでコピーさせたあとに、次の半期カタログ（一九九七年の時点では一部二万ドルの値が付けられていた）を出版するのだから。

　少女が実際に登場したとしても、それは少年に占有されるためだ。〔Lレポートの〕「クールハンター」と一緒にブロンクスに入っていくグラッドウェルについて行ってみよう（「ハント」という言葉に注意してほしい。われわれは本当のジャングルにいるのだ）。クールハンターはブロンクスの少年に新しい靴、リーボックのＤＭＸ ＲＸＴを手渡す。それは少女用の靴だったのだが、このいかした少年は気に入るのだった。クールハンターはとても喜んだ。こんなにも生のクールを誘発し、目撃することなどそうそうない。『ニューヨーカー』もまたこれを気に入り、フィリップ・パゴウスキの手になる一ページ丸々使った靴の絵を掲載している。その靴は宙高くに浮いていて、靴底をこちらに向け、カラフルな渦の中で燃え上がっている。「地区」から社会の上層部へとクールが吸い上げられている、トリクルアップの流行吸い上げ機を完全に視覚的に表した隠喩なのである。この靴はまるで生きているかのようである。自力で自らを浮かびあがらせているセブン・リーグ・ブーツのように、実際にめちゃくちゃかっこいい靴だ。周りに人間はおらず、「見たこともない素敵な鳥が飛んでいる」ように空間を駆ける靴だけがある。

天界の銀河へとのぼる靴底から星のように色があふれ出すのを目の当たりにし、靴が生きていて、魔術的で、財宝が積まれたものであることを目の当たりにした人は、カール・マルクスやジークムント・フロイトがフェティッシュについて行った主張をどのように捉えることができるだろうか。かなり奇妙なことであるが、フェティッシュが靴と分かちがたいものに見えることを私は認めざるをえない。あらゆるもののなかで、靴だって！　ところがマルクスもフロイトも、数々の靴の物語を引き合いに出しながら、あたかも自分たちもまた時代を先取りした**クールハンター**であるかのように、生涯をかけた研究の基本的な議論を展開してきたのである。マルクスはアリストテレスが例と

Reebok's DMX RXT didn't hit as a girl's shoe, but boys in the Bronx call it butter.

フィリップ・パゴウスキのドローイング（Malcolm Gladwell. (1997) "The Cool Hunt," *New Yorker*, March 17 より）。

して挙げた、古代アテネにおいて利益を得るために売られる靴と使用目的の靴との対比を基盤にして、自らの経済学を築いた。他方でフロイトは、靴がいかに性的な力を秘めているのかを示している。靴が代理表象しているのは、「見えていますね、はい見えません」という手品師の口上のように、人体のタブー視されている部分、すなわち母親の性器に隠れた不在のファルスを見るのと同時に見ていないということなのである。大げさすぎると言われるかもしれない。だが、この見えたり見えなかったりの口上は、まったく間に両極端にふれるファッションの移り気な変化をとても正確に捉えているではないか。ブロンクスの靴屋での出会いがまさにこれだったのだと、私には思われる。少女向けの靴に熱をあげて頬を赤らめていた地元の少年とクールハンターの出会いにおける興奮と絡まり合いが、このことを示してくれている。

とはいえ、このただなかで靴はどのように感じているのだろうか。靴は生きているのではないか。感情や希望はないのだろうか。靴は、結局のところフェティシュなのだ。靴は自らの存在を示しながらも隠すことによって、見られると同時に見られていないことに応えているのではないだろうか。こうして、**見せていないということを巧妙に見せている**という点で、フロイトのフェティッシュはマルクスのフェティシュと一体化する。このことがまさにクールさの基礎にある。すなわち、見せること、ただし見せているというようには見られないようにすること（それも絶対にだ！）。このことが、**ダンディ**の得意分野であり、決定的な特徴でもあった。すなわち、ダンディなものは、世界史における両手効き（両足効きというべきか）として、一方の足を市場に置きながら、他方の足それを乗りこなすということとは、フェティッシュを乗りこなすということである。それも、性的なフェティッシュであると同時に商品としてのフェティシュに乗ることで、それらを組み合わせることなのである。このことがワクワクするように思えるなら、クールハンターであるということがどんな感じか想像できるだろう。

フロイトとマルクスにはついていけないと考えるなら、ヴァルター・ベンヤミンはどうだろうか。ベンヤミンは一九三〇年代の批評において、**アブラカダブラ**としてのファッションを捉えている。すなわちファッションは、資本主義の高貴なエンジンである自由市場の魔法を吹き込まれたスロットルであるというのだ。ファッションとは商品のための死の儀礼なのだと、ベンヤミンは述べている。続けて、セックスと死の両方をファッションと結びつけており、そのことは昨日のファッションがまったくもって色気がないとベンヤミンが書いている時にもっとも顕著である(3)。

このようにセックスと死をファッションに結びつけることは、フレーザーの『金枝篇』においても見られる。自然の有する再生産のエネルギーを人格化した女神である大母神に対する、古代の信仰における季節のリズムに関するものである。今では、自然は決定的に追いやられてしまっている。自然は市場によって苦境に立たされ、再生産のエネルギーは利潤のために利用されてきた。ただし、ある程度までは。ある程度までだけだ。なぜなら、つねに利潤を超えたもの、求めても手に入らない輝かしい美そのもののための領域があるはずであり、これはクールが手招きしているファッションの先端をも超えた地点だからである。

このようにセックス、死、ファッションを結びつけることについては後で立ち返ってくるつもりである。結局のところ、このテーマは、コロンビアにおいて農民や労働者階級の人たちが脂肪吸引や宇宙整形について私に語ってくれる恐ろしい物語の中で繰り返しぶち当たるものだからだ。ただし、差し当たりは戻ろう。なぜならフェティシズムはつねに最新のものであり、どんなときでもちらつく栄光の絶え間ない代理だからである。それゆえに、差し当たっては**イメージ**に立ち返ろう。『ニューヨーカー』が靴のイメージを作ったのは偶然ではない。**あの**靴、それも**片足の**靴だ（「なんてクールなんだ」と彼らが含み笑いをしているのが聞こえるようだ）。なぜなら、フェティシュはものであるのと遜色ないほどにイメージだからである。このことを大いに力を注いで強調したのはフレデリック・ジェイムソンである。ジェイムソンは、履き古された一足のブーツを描いたファン・ゴッホの絵画（一八八六年）に関するマルティン・ハイデガーの分析と、アンディ・ウォーホルによるきらめくダイヤモンドダストシューズを比較していた。ダイヤモンドダストシューズは、ショーウインドウに展示されており、決して履かれることはない。両足ではなく片足ずつで、さまざまな色が無造作に並べられているかのようである。(4) これ以上に完璧な対比はありえないだろう。ゴッホのブーツ――シューズではない――は、時間、さらには労苦《トラヴェイル》という苦境《トラヴェイル》によってしわくちゃになり、使い古されている。ブーツの豊かさ――真正性と言えるかもしれない――は、後ろの床に映った光の輪としてしか描かれえないものに劣らず、しわくちゃになった皮のひだの重なりが作る影にも表れている。他方で、新しい産業、すなわち消費産業にぴったりあった芸術家であるウォーホルは、きらびやかな女性のシューズを奥行きのない、いかなる真正性も持たない状態にするため最大限の努力をしている。ウォーホルのシューズはフェイクだが、そうであることに誇りと見栄と愛情が込められている。ゴッホのブーツは、歴史と労働、そして使われた臭いがする。年月を重ねるにつれて、世界に、足の世界に、そして土と道路の世界になじんでいくので、ますます役に立つようになり、価値も高まっていく。他方でウォーホルのきらきらと輝く小さなシューズは、浪費という私たちの派手な新しい世界に訴えかけている。歴史でも、歩くことでもないし、労働なんてとんでもない。この消費という新しい世界では幻想だけがリアルであり、私たちの誰もが、この退屈な生活のなかでダイヤモンドダストのように一瞬だけはセレブになれるのである。

なぜならば、どんなに見た目が物質的であっても、見た目こそが問題なのだ。フェティッシュの対象はものであると同時にイメージでもある。クールさがものにまつわる問題であることは確かだ。靴やシャツやズボンやベルトや帽子、生地や素材や髪の毛、身体を支える姿勢や空間を横切る動き方。しかしながらそれはまた、そしてそのことすべてのゆえに、圧倒的にイメージなのであり、つかの間の興奮を伴う視覚的な場において眼差すと同時に眼差され、外に向けて示されると同時に観察されるものである。近づけば近づくほど、クールなものは身を隠す。定義しなければならないとすれば、わかっていないのだ。若干クールさにかけるクールであるファッションについても同様である。

ここに悲惨な教訓がある。クールなものについて書こうとする男、あるいはクールなものからお金を稼ぎたいと願う女には、混沌に直面しながらも平然を装うという超自然的な能力が求められている。クールなものは容赦なく変化に固執する。グラッドウェルと『Ｌレポート』がクールの反撃を受けてから久しい。ファッションは抗いがたくも予測不可能な形で速度をあげて、一九九七年の六カ月周期が今や六日間に短縮されている。少なくとも私は内情に通じた人にそう聞いている。その人たちがなぜ知っているのかというのは、また別の話である。さらには無秩序がこれまでになかったように襲ってきている。単線的な進化はなく、明日何がクールなものとなるかを予測するのに役立つ動向はないのである。上や下からの言葉を待ち望んでいるメゾンや流行の仕掛け人には絶望的なことであるが、クールさとはＤＪが古い音楽をミックスするようなものである。せいぜい、遅れをとってのろのろと進むところを残酷にもカメラに捉えられ、クールのＣではなくエフォートのＥと評価されるのが関の山だ。

　世界史の中で倹約から浪費へと移行したことは、視覚的イメージの重要性についての強力な変化によって影で覆われている。ある根本的な意味では、私たちはイメージ以外のなにものでもなくなっている。そのことが、『Ｌレポート』とそこに込められた「クール」の意味であり、力であり、多額の代償なのである。一つの新しい報いが現実的なものである以上に仮想的なものとして誕生した。古い現実、すなわち人間の身体も残っているが、それは現実《リアル》と超現実《スーパーリアル》の組み合わせとしてである。現実と超現実を架橋する宇宙整形が、現実の肉体を現実的なイメージと結びつけ、消費熱を視覚性と結びつけているのである。

しかし、これを**消費熱**と呼ぶと論点がずれてしまう。この言葉は古めかしく、ものに向けられた時代遅れの視点から抜け出せずにいるように聞こえる。まるで、いまだに安定的で、本物で、堅実な世界こそが、より偉大で実体的な現実であり続けているとでもいうように。散発的な買い物熱によって邪魔が入ったとしても、それもすぐ収まって、カーニバルとは違ういつもの世界が戻ってきて、現実とは何であるかを教えてくれるのだと。喜ばしいことに、現実は表層的なものでも、中身が空洞になっているのでもないのだと。

何を寝ぼけたことを言っているのか！ 時代は変わったのだ。この世界資本主義における大規模な転換の中で私が見いだしたおとぎ話は、魔術的なもの、すなわちダイヤモンドダストシューズやリーボックのDMX RXTによる誘惑に関するものである。これらの名前がすべてを語ってくれている。ダイヤモンドとダイヤモンドダスト、その隣にはDMX RXTのチェンソーのうねりがあり、リーボックのような耳障りな子音の歯ぎしりがあり、あらゆるものがあると同時に何もない魅惑的な世界の空虚さの中に放たれる。この空間による誘惑が、世界のこれまでになく狂乱した消費の中核にある。そして、その中核のさらに中核にあるのが、あらゆるものの中でもっとも魔術的なもの、つまり人間の顔と身体である。われわれが「クール」と呼ぶ見せびらかしの魔法と手を組んで、顔と身体もインナーシティから汲み上げられている。

美よりも魅惑の魔力を帯びたものがただ一つだけあり、それが美しいものへと変貌させる能力なのである。

デザイナースマイル

鼻や胸を整形することと、笑顔《スマイル》を整形することは全くの別物である。二〇〇九年九月、麻薬商人で数々の宇宙整形を受けてきた男であるチュペータの逮捕に続いて、「地下世界の外科医たち」という記事がエル・ティエンポ紙に掲載された。そこには、民兵組織のクライアントに新しい笑顔を与えているボゴタの歯科医についての二つの物語が含まれていた。まるで、笑顔を与えることが他の宇宙整形と何ら変わりがないかのように。

しかし、笑顔ということになると、人の形而上学的な中核を示すような、言葉にできないようなものが発散されているという印象を強く受ける。人の中核を新しくするというのは、たとえば新しい鼻を手に入れることではなかなか到達できないことだろう。使われている言葉は「作る」でも「生み出す」でさえなくて、「デサイナージーンズ」と同じ「デザインする」だ。外科医や歯科医は単に笑顔を作っているのではなく、デザインしているのである。理想的な鼻を考えだすのに眠れぬ夜を過ごすことは想像できるものの、世界に向けて示される内なる自己の啓示である新しい笑顔をデザインするには、けた違いに宇宙的ないじくりまわしが必要になるだろう。

　エル・ティエンポ紙に掲載された写真からもわかるように、デザイナースマイルを身につけた人物の一人が、コロンビアの民兵組織のスター、他ならぬサルヴァトーレ・マンキューソである。マンキューソは少なくとも八十六名の暗殺を行ったと公式に告発されているが、それよりもずっと多くの殺戮を指示してきたことはほぼ間違いない。彼は、長年にわたってコロンビア北部で言うに耐えないほどの恐怖を引き起こしてきた首謀者であり、そのおかげで莫大な富を築いたと言われている。裁判官、上院議員、市長、警察、さらには極めて高位の軍将校と結びついている。過去十五年にわたってたびたび噂されてきたことだが、今になってようやく確認された。とはいえ、こうした類のものが「確認」されうる限りの話ではあるが。マンキューソは、私が執筆している時点で、自らの罪（少なくともそのいくつか）を条件付きで自白させようとする政府の寛大な提案を受け入れていた。自白の見返りとして、彼は財産のほとんどを保持した上で、減刑された四年の刑期を素晴らしい設備のある刑務所で過ごし、携帯を使って仕事を管理することまで許されていたのだ。

　人びとの多くは、こうした自白と短期収監の手続きは見え透いた嘘にすぎないと感じている。民兵組織の恐怖機械に対して政治が何かしら対応するふりをしながら、実は両者は密接に結びついているのだろうと疑っている。この疑惑は、二〇〇七年八月の日刊紙に掲載された、メデジンに近いイタグイ刑務所にいるマンキューソの写真を目にすると、高まる一方である。流行りのストライプのシャツを着て、顎周りが少しぽっちゃりしたマンキューソは、おとなしげに目線を下に落とし、お祈りしているかのように顎の下で手を組んでいる。魚のように口を半開きにして、何か言いたそうにしているが、言えないようだ。すべてが非常に不快である。彼は不名誉の手本である。写真には、「私たちはあらゆるものを隠す霧であり、煙幕だったのだ」とキャプションが添えられている。

デザイナースマイルは多くの問いを提起する。このような民兵組織の大量殺人者たちに幸運が微笑み続けるのはなぜかという疑問は、その一つである。とはいえ、より私的な疑問もある。どのような種類の笑顔が好みかと、自分に問うてみてほしい。この問いを自らに問いかけたことがあるかどうかを自問して、答えをじっくり考えてみてほしい。あなたの笑顔は、自分にとっては見知らぬも同然だが、にもかかわらずフェイスブックの友達や近所のお店の人たちにとって、あなたをユニークで生き生きとした人間的なものにしているのではないだろうか。あなたの笑顔と同じくらい神秘的で根本的なものをあれこれいじくりまわすことは、何を意味するのだろうか。

ジョン・バージャーは、父親が死んだときの顔を描いたことについて語るなかで、父の口や眉やまぶたをスケッチしながら、それらのものを形作ってきた歴史と経験を感じたと述べている[1]。父親がマンキューソのように笑顔をつけ替えていたとすれば、バージャーは何を感じただろうか。顔が改造されたとき、とくにその顔を死に際に見つめたときに、歴史自体に何が起きるのだろうか。

笑顔に付随する顔の変貌、周囲の他の顔にも魔法のように広がる変貌に関しては、ヴァルター・

ベンヤミンが死と物語とのつながりについてとても興味深いことを書いている。ベンヤミンは、自然死、すなわち点滴とモニターにつながれていない死においては、ひと連なりのイメージが人間の内部から解き放たれると述べている。「意識することなく自分自身に出会っていたときの、自身のさまざまな姿が現れる」。こうしたイメージは顔の上に現れて演技するのであり、あなたの顔は人生が幕を閉じようとする際に映しだされる映画のスクリーンになる。周りに集まった人びとにとって、これは忘れがたい瞬間である。なぜならこれが、あなたにまつわるあらゆる物事に説得力を授けてくれる顔なのであり、それゆえにベンヤミンによれば物語作家の芸術の源になっているのである[2]。

奇妙なアイデアであることは間違いないが、自分の顔を変えようとするときに熟考を促してくれるようなアイデアではある。顔を変えてしまえば、自己との出会いがひと連なりのイメージとして上演されるという、この入り組んだメカニズムに何が起きるのだろうか。その結果として、このみじめな地球に私たちの生をつなぎとめてくれている、物語るという芸術はどうなってしまうのだろうか。

人相学という古代の技芸（外部から内部を見定め、顔から魂を読み取ること）は、今日ではまやかしのように思えるかもしれない。しかし立ち止まって考えてみれば、私たちの日常実践と地続きであることに気づくだろう。宇宙整形をする根本的な理由は、まさにこのメカニズムを転覆し、外部を変えることによって新しい内部を創造するためなのではないかと考えざるをえなくなるほどである。

そしてひとたび新しい内部を獲得すれば、運命自体が変わるのだ。この点で、宇宙的ないじくりは錬金術やその他の魔術的実践と似たものになっている。美容整形を宇宙整形と考えるのが適切なのはこのためである。人相学的な操作が目指しているのは、顔を持ち上げる《フェイスリフト》ことだけではなく、魂を持ち上げる《ソウルリフト》ことでもある。宇宙整形とは、はるかに素朴な操作の表面を塗装したものにすぎない。神々と応答したり一体化するために仮面を被ったり顔や体にペイントを施したりするというような、模倣と人相学にもとづいた古代の魔術的な実践の最新の表現なのである。

あらゆるイメージの母であり基準でもある顔の重要性を考慮すれば、さらには物語における役割や、表層と深層、外部と内部をめぐる複雑な感覚を考慮すれば、多くの顔がデザイナースマイルに変えられたときに何が起きているのか問わざるをえないだろう。このことは、ボードレールが「万物照応」と呼んだものに対して、すなわち私たちの世界を作り上げている、あるいはかつて作り上げていた記号と象徴の詩的なネットワークに対して、決定的に影響を及ぼしているのではないだろうか。神の作ったソフトウェアにコンピューター・ウイルスが放たれるようなものであろう。お偉方は、サイバー攻撃によって電力ネットワークや水道や交通信号などが破壊されることを深く懸念しているらしい(アメリカ中央情報局(略称CIA)の長官レオン・パネッタによれば「新たな真珠湾攻撃」だ)。しかし、宇宙整形がわれわれの記号体系に大混乱を与えるという錯乱の可能性について、首脳陣はいつ注意を払うようになるのだろうか。

ここでもまた、土地に根ざした言葉が、お偉方よりも豊かな感受性を示している。たとえば、「カラ・イ・コントラ・カラ」――顔とそれに抗う顔、ごまかしとそれに抗うごまかし――という表現がそうである。これは、かつてコロンビア民族解放軍（略称ＥＬＮ）の都市ゲリラ戦闘員であった一人の若い民兵が、万物照応のゆがんでしまった世界を描写するために用いた表現である。二〇〇六年、メデジンを見下ろす雨降る山腹にあるスラムで、眼下に広がる都市を一緒に眺めながら、私に語ってくれた。ケーブルカーが私たちの頭上で揺れ動き、ギシギシ音を立てていた。風にあおられた雲が山々にまとわりつき、霧が立ち込めていた。

ここでは誰も盗み聞きすることはできない。ヒッチコックの映画のワンシーンのようだった。はるか下方に都市をのぞみ、われわれは二人き

エル・コロンビアーノ（「コロンビア人」）。

りで歴史の高みに立っていた。真実だけが、肌寒く大気の薄いこの山まで到達することができる。このとき、大いなる光景を、カラ・イ・コントラ・カラを、見ることができたのだ。頭上に動くケーブルカーが、海に投げ込まれた瓶に入ったメッセージを運んでいる。この公共事業の奇跡が、ニーチェの永劫回帰を、そしてヒューヒューと音を立てる秘密と潮を表象しているかのようだ。二人きりで、ＥＬＮの殺し屋が眼下に広がるものすべてを支配していた時代の話を聞いていた。ＥＬＮの支配は民兵組織によって解かれたが、その後、民兵組織は解散したように見せかけており、政府軍が統制しているように見せかけることを許している。カラ・イ・コントラ・カラだ。二〇一〇年二月に本稿を執筆している今では、民兵組織同士が戦争をしており、メデジンにおける殺戮はとてつもないものになっている。

しかし、これらすべてが現実だとしても、より大きく濃密な現実のアレゴリーにすぎない。つまりはこういうことだ。国家そのものが、「過激な大変身」の演習として存在するようになって久しい。宇宙整形医にとっての夢の光景のように、顔が別の顔を隠すために絶えず作り変えられる。こうして、政府の底辺から頂点におよぶ民兵組織による支配は隠される。これがあまりにも浸透しているため、もっとも大きな身体もまた手術を、宇宙整形を受けたのだと見なすことは至極当然のように思われる。すなわち国民国家の身体そのものが、マンキューソのようにデザイナースマイルを施されているのだ。

デザイナーボディ

手術を受けた国民国家の身体は、タクシー運転手のアルベルトが運んでいるのと同じ身体だ。首から膝まで包帯を巻かれた身体は――「ミイラみたい」だとアルベルトは言う――、カリのクリニックから南に一時間の小さな町にある患者の家までの道を急ぐタクシーの後部座席に乗っている。「九〇‐六〇‐九〇」。ぎこちない手ぶりでバストとウエストとヒップをかたどりながら、アルベルトが言う（単位はセンチメートルだ）。「これが問題のもとだ！」、と溜息をつく。「今の女はみんな虚栄心が強いからな。女はみんなビューティークィーンになりたがる」。

虚栄心？

かなり奇妙な言い方だった。というのも、虚栄心のない人などいるのか。男も虚栄心が強いのではないのか。たとえば、サルヴァトーレ・マンキューソの「デザイナースマイル」はそうではないのだろうか。そして、虚栄心はなぜ悪いことなのか。

「今の女は虚栄心が強い」。昨日ではなく今日。アルベルトの話では、変化の速度は衝撃的だ。「カリでは病的だよ」、疫病みたいに「伝染する」。アルベルトが話しているのは、脂肪吸引《ラ・リポ》と豊胸手術への熱狂が近年非常に高まっていることである。女性はその金を得るために売春にまで手を出しており、ナルコの女やテレビのニュースキャスターをお手本にしているといわれている。たいてい長い金髪で、九〇‐六〇‐九〇の体形が必須とされる女性たちだ。その身体と髪のおかげで、さらに彼女たちの神々しさにふさわしい崇拝の一部として六時‐十二時‐六時という神話的な戦略にもとづく時間に国歌が奏でられるおかげで、国民国家は絶好調でいられる——たとえ、多くの市民はそうではないとしても。

要求は留まるところを知らない。コロンビアのテレビ番組『過激な大変身《カンビオ・エクストレーモ》』（アメリカ合衆国のテレビ番組『エクストリーム・メイクオーバー』をもとにしている）は、人を根本的に改造するための宇宙整形を無料で提供している。番組の若いプロデューサーによると、ボゴタで手術を受けるための広告を一回出しただけで、二千人もの応募があったという。口を開けば誰もが「美は扉を開く」と告げてくる。上院議長や二〇〇七年に就任した新外務大臣を含めて、共和国議会の女性議員はハッとするほど魅力的だ。メデジンの革新派の市長は、毎年開催される市のビューティーコンテストを「才能ある女性のコンテスト」に変えたのだが、それでも参加者はビューティークィーンのようだった。だとすると、一介の事務員になるために何が求められることになるのだろう。ましてやナルコの情婦になるためには？

ときどき、カリに住んでいるすべての女性が整形手術を受けたのではないかと思えてくる。今日この街では、若者であれ中年であれ、豊胸手術を受けていない女性はほとんど見かけない。大きく襟元が開いた服のせいで豊かな胸がいっそうよく見えて驚かされるほどだ。近くのペレイラは、近年のベストセラーでテレノベラにもなった『シン・テタス・ノー・アイ・パライソ』の舞台である。すこしぎこちなくなるが、「（人工的に豊かになった）乳房がなければ天国はありえない」とでも訳せるだろう。FARCゲリラの一員で若きオランダ人の戦闘員であったタニヤ・ニーメイェルの日記が最近コロンビア軍によって発見されたのだが、彼女がもっとも激しく幻滅させられたことは、ゲリラ指揮官の愛人たちが豊胸手術を受けていて、派手なランジェリーをつけていたことだった。革命はどこへいってしまったのだろうか？

「八〇〇ポンドのゴリラが部屋にいる」というのは、いじめっ子が悪ぶって使う表現の一つで、「裸の王様」と同義である。よく見えているはずなのに、誰も認識できないもののことだ。カリの空港では、おそらく同じことはペレイラの街中でもいえるが、「五〇〇CCの乳房」という表現は「八〇〇ポンドのゴリラ」と同じ意味になるといってよいだろう。私の知るかぎり、こうした「豊胸された」乳房について口に出して触れられることはないし、ひょっとすると暗点や盲点のように、実質的に目に見えないのかもしれない。ジークムント・フロイトが母親のファルスの不在を見ると同時に見ていないということに私たちの注意を促したような盲点だ。この暗点から魅力的な結論を引き出すことができるが、それは要するにフロイトがかつてフェティッシュと呼んだものである。フェティッシュは、私がたった今ほのめかした母の神秘的な器官を暴露すると同時に隠蔽する（ほのめかすこと自体が、言及しながら言及しないことである）。アルベルトが診療所から家路を急ぐ黄色いタクシーの後部座席に押し込まれた乗客たちを、なにげなくマミー（ミイラ）と呼んだのも、このためだろう。マミーとは母親のことだ。ただし、後部座席で跳ねている、包帯でぐるぐる巻きにされた身体からは、目だけしか見えていない。

さらに事態をややこしくしているのは、アルベルトをはじめ私が話した人はほとんど誰もが、脂肪吸引や宇宙整形という新しい話題を恥ずかしがりもせず、当たり前とみなしていることだ。多くの場合、人びとは臨床的に距離を置いた態度でいるが、身ぶり手ぶりで変身を表現する人もいる。たとえば、手をさざ波のようにくねらせて自分の身体を上から下へとなぞり、ビューティークィーンのように気取って歩いてみせるというように。コロンビアで話した人びとは、いまや誰もが美容整形の専門家のようだ――ちょうど、人里離れた山の上や分け入ることも難しいジャングルの農民が、今ではペンナイフや指の爪やマチェーテの先を使って、ノキア社の携帯を器用に開けて修理しているように。人の乳房や性的魅力は、私には言葉に出して語るべきでないプライベートな事柄だと思えていたが、実際には誰もが知る公然の秘密だったのだ。ひとたび**手術**という概念と**技術**のアウラが漂いはじめると、会話の性質が変わるようだった。自己の極めて神聖な側面であるはずのものが、つかの間包みをはがされる。身体的な見た目を取りまくアウラと性的魅力が注目されるにつれて、逆説的に身体はむしろ物となり、芸術作品になるということだろうか。誰もが芸術評論家のように批評したり、サッカーの試合のように議論する対象になるのだろうか。かつて神聖視されタブー視された人間の身体の性質は衰え、あるいはもはや消え去ったのだろうか。

ナイフのように危ういタブーにそったこの動きの、不安定で繊細なことといったら！　場面や活動領域によっては、もっとも保護し隠されるのは裸体である。しかし別の場面と領域では、手術によって魅力的になった身体を想起させるあのものまねが示しているように、裸体を隠すことは完全に「時代遅れ」で取るに足らないことである。すべてでなくても、ほとんどはそうだ。しかし、少しばかり取るに足らないものになりすぎているのではないだろうか。私が思い起こしているのは、ダニエラ・ガンドルフォが、一九九六年六月に当時リマの中心地区にいた写真家モラレス氏とかわした、平凡だが注目に値する会話である。モラレス曰く、市職員の解雇に反対する大規模な抗議デモの最中に、年配の道路掃除婦がブラウスを脱いだ時、「彼女に触れようとするものなどいなかった」。その女性はトランス状態にあるかのようだった。理解不能な言葉を叫びながら歩き回っていた。警察は歩道に下がっていた。他の女性たちも服を脱ぎはじめた。自殺者の心中で起きていることのように、衝動的だったのだろう、と写真家は考えた(1)。

すべては、あらわになった乳房のせいなのだ。

こうしてタブーについて一進一退を繰り返すことは、聖と俗のあいだを往還する動きに一致する。コロンビア中央部の小都市ペレイラを例としよう。宇宙整形で有名なペレイラはまた、コロンビアでもっとも見た目のいい最高の娼婦がいる所であるという名声をほしいままにしている。しかし、このことが問題ではないだろうか。安価な施術を求める娼婦のイメージがすぐさま頭に浮かぶとき、虚栄心に関する問題であり、人の身体を陳列物として扱う問題の核心に迫っているのだろうか。実際は、そうではない。問題はそういうことではない。ここで起きているのは、従来タブーとされてきた行動が徐々に受け入れられているというよりは、聖と俗のあいだの行き来が加速しているということなのだ。ちょうど、リマの公道で掃除婦がシャツを脱いでから十五年後の二〇一一年十一月に、ボゴタの深夜のタクシーの後部座席で起きていることのように。私の目から一八インチしか離れていない画面では、テンポの速い音楽に合わせて若い女性たちがほとんど裸で踊るビデオが鮮明に流れている。カメラの焦点は、ダンサーの両足のあいだに広がる魅惑的な空間に固定されている。止めることはできない。止められるはずがない。暗闇の街が通り過ぎていく。タクシーの運転手もまた運転席のパネルに映った同じ映像を見ている。私たちはどこに向かっているのだろう?

女性の身体というパンドラの箱の開け閉めに関することは、二〇〇七年八月十三日のエル・ティエンポ紙にも示されている。さまざまな形態のショービジネスに携わる中年にさしかかった六人の魅力的な女性が、躊躇するそぶりもなく、完璧な身体を目指す終わりのない探究についての秘密を暴露していたのである。時間による衰退を止めることはできないとしても、せめて遅らせるために、彼女たちは手術を繰り返す。乳房、鼻、笑顔、ウエストの脂肪吸引、顔のたるみ解消、蜂巣炎の除去、皮膚の色調整、ボトックス注射。手術はしばしば、以前の手術を修正するために行われる。ボゴタで有名な外科医グスターボ・アンドレス・インカピエによると、たとえば耳の「調整」（すなわちレトケ）やちょっとした脂肪吸引で事足りることが多いのだそうだ。そして余談として、なかには豊胸手術を受けに来る思春期の子もいるとつけ加える。ある十四歳の女優が語ったところでは、彼女はバストを三四から三六Bに豊胸する手術に加えて、鼻孔を少し狭めてほしいと依頼したという。また彼女はつねに肌を保湿し、よくマッサージし、六カ月に一度「メソセラピー（脂肪溶解）」とボトックスの注射を打つという。「そのためには管理役として素晴らしい医師が必要なの」。別の女優、マラベルは今年だけで（しかもまだ八月の半ばで）八回手術を受けたが、豊胸手術を受けた後に、乳房縮小術を受けたという。

私はこの記事を、アグリビジネスの悲惨なスラムの真ん中で読みながら、一体どんな惑星で生きているのだろうと戸惑っている。とはいうものの、ファッションは私たちみなをその旋風に巻き込んだのではなかったか。女性の身体を彫刻する宇宙整形は、ファッションがそれらしくふるまうための土台となったのみならず、ファッションの神々への究極の供犠にもなったのではなかったか。かつてファッションは、散発的でマイナーな事象であって、新聞の後ろのページや週末の付録で扱われるようなものだった。麻薬やゲリラ、民兵組織や汚職、サッカーや為替レートに関するトップ記事とは、比べものにもならなかった。だが、それは昔のことだ。

私が二〇〇九年にコロンビアに戻った日、主要紙エル・ティエンポの一面には、ベネズエラとの戦争の危機にあることを憂慮する見出しが二段ぶち抜きで掲載されていた。ただしその横で三段分も割かれていたのが、メデジンで毎年行われるランジェリーファッションショーで、デザイナー物の下着を挑発的に見せているほぼ裸の若い女性のカラー写真だった。

彼女はベネズエラのどんな攻撃でも受けて立つかのように睨みつけており、黒い「下着」はむしろ『スターウォーズ』に出てくる鎧のようで、ほぼむき出しの胸と太ももがほどいてくれと訴えているような鎖で強調されていた。これは別の意味での戦闘服で、戦車や銃がいらないぶんだけはるかに喜ばしい。私には「なめるな（don't fuck with us）」というキャプションが暗にあるように読めた。フロイトの「原始言語」との戯れを念頭に置くと、「お願い、私として（please fuck me）」と（破壊するという意味での）「めちゃくちゃにしてやる（I will fuck you）」の両方を意味している。この手を腰に毅然と当てた、無敵の乳房を持つモデルを見ると、この国は心配無用だと気づく。そしてやっと安心して新聞

ANESSA PELÁEZ lleva uno de los diseños que Tarra'o, empresa paisa especializada en ropa interior, presentó

エル・ティエンポ紙，2009 年 7 月 30 日。

のページをめくっていくと、「もっとも理想的な腹筋」に焦点を当てた光沢のある別冊付録が目に入る。巻頭カラーページには、紙面をフルに使った裸の若い男の写真がある。ボゴタのモデル、グレゴリオ・ペルニアだ。彼の手が、かろうじてイチジクの葉の役割を果たしている。その姿を見ていると、裸の男の写真は、女はそうではないのに、なぜ相も変わらずぶざまなのかと不思議に思わされる。

言い換えると、「ニュース」と「娯楽」の区別が綻んでいる。この綻びは、私たちが今や有毒な戯言や言葉の嘔吐物を垂れ流すものとみなすようになったフォックスニュースにおいてのみならず、権威のある抑制の効いた新聞でもそうだ。国民に迫りくるもっとも深刻な事態に相当するニュース、すなわち別の主権国家との戦争の恐れがあるという記事と並んで、ソフトポルノがあるのだ。強大なタブーは崩れ落ちてしまったのか、それともタブーを侵犯することはより複雑になったのだろうか。ファッションという言い訳のもと、戦争の瀬戸際にありながら、国家はあからさまに性的なものになった。褌を絞めなおさなければならない国民にはふさわしいことだ。かつてメディアでぞんざいに扱われていた「ファッション」は、今や日常生活のみならず、国家の政治にも浸透している。

私の友人の仕立屋オリヴィア・モスタシージャ（五十八歳）は、ファッション産業と安価な中国製衣類のせいで生計手段を損なわれてしまった。彼女は、脂肪吸引熱とファッションの隆盛は密接に結びついているとみている。現在のカリではとくにそうだが、有名なデザイナーと、ウエストを細くするために（かつて神が別の理由でアダムにしたように）下位肋骨の摘出手術を受けたモデルが、ファッションの進むべき道を切り開いている。オリヴィアは宇宙整形について、「そこらじゅうどこでも！」と断言する。「その辺の車庫でも、看護師やら医療関連のコースを受講した人やらが執刀してるよ。コロンビアの成長産業だからね！　どんな欠点だって取り除ける。なんだって全部ね。もう一度処女に戻すことだってできる。テレビでやっていたよ。なんでも全部できる！　残されているのは自分の名前くらいね！」。

　ファッションは自覚される意識のつねに一歩先に進んでいて、言語に対して追いついてこいと急かす。書き手にして目撃者の私は、どのようにしたらこの脈打つような熱狂を伝えられるだろうか。ブルージーンズが一番の人気アイテムだった一九六〇年代後半のコロンビアを思い出す。カリにいる北アメリカ人は、ジーンズ（しかも自分たちの着古し）を目を見張るような値段で売ってほしいとお願いされていた。専門家たちは、男女ともに人間の身体について世界的な変化が起きて、ジーンズに身体を合わせるようになると予測していた。そして、専門家は正しかった。二十年後、カリ周辺の起業心のある下層階級のコロンビア人女性にとって、「ブルー屋《ブルジネリア》」は重要な収入源になっていた。驚くべきことに、彼女たちは当時韓国まで飛行機で行って、ジーンズをコンテナで買っていたのだ。

　さらには、アディダスやナイキのスニーカーもあった！　一九八〇年代後半以降、町の貧困地区の若者は、本物であれ偽物であれスニーカーを手に入れるために文字通り殺人を犯したものだ、と言われている。血まみれの死体からスニーカーをはぎ取ったのだと。その三十年前には、人びとはたいてい裸足でいた。この対比について話しているのは、かつて靴をはいていなかった人びとのあいだで突然生じたシューズ熱を説明するためではなく、ファッションがもたらす変化の速度と山火事のような熱狂を伝えるためだ。未踏であった欲望の大陸が打ち破られたとき、ファッションはこのような熱狂に至ることがある。ちょうど、カリの脂肪吸引クリニックからこの南にあるアグリビジネスの町へと急ぐアルベルトのタクシーの後部座席で、首から膝まで包帯で覆われたミイラたちが証言しているように。

ラ・リポを受ければ必ず自分に報いが返ってくる。今、アルベルトは私に、彼らしく事もなげにひょうきんな口調で話している。彼が先ほど家まで送った女性は、ラ・リポのせいで昏睡状態にあるという。次々と押し寄せる恐怖が充満した風通しの悪い部屋の中にある暗黒と痛みのイメージを、私は拭い去ることができない。さらに、私の四十年来の友人が話してくれたことによると、彼の義理の娘であるアンヘラ・マリアがカリのスラム地区アグアブランカにある自宅で休んでいるのだという。肩やウエストや腹部のリポのせいで回復に六週間かかるのだ。彼女は、住み込みのメイドとして働くボゴタで、二五〇〇ドルかかる手術を受けた。年齢は？　二十七歳。メイドの給料でどうやってこれだけの費用を支払えたのか。しかもなぜなんだ？　彼は頭を左右に振りながら、痛みがひどいのだと言う。このあいだずっと、彼女は腫れを抑えるためにコルセットをきつく巻きつけて横になっている。仕事はできないし、特別な食事療法が必要だ。「気をつけないと再発するんだ」と彼は私に警告する。「そうなったら、またリポを受けるんだな！」と十五歳にしかならないロビンソンが口を挟む。「太ってたの？」と私は単刀直入に聞いてみる。「いや、ミゲル。ここにいるアナベバと同じくらいだよ」と友人は言う。指さされた四十五歳のいとこはたしかにたくましく恰幅のよい農民女性であるが、私からすれば「太っている」とは言えない。

　私は空港からアンヘラ・マリアに電話をした。「本当にひどかった」と彼女は言う。体が猛烈に腫れた。顎から腿の半ばまでのコルセットを二カ月つけていなければならないのだ。私が話した他の人と同様に、彼女も先端技術について強調する。具体的には、検査室でのテストや病院での精密検査に加えて、当該クリニックは「おすすめ《レコメンダータ》」だったことをあげた。「で、なんでリポを受けたの？」と私は聞く。「だって、友達はみんな痩せていて、私も同じようになりたかったから」。電話口で、声しか聞こえない他人に対して、それ以上のことが言えるだろうか？　しかし、彼女の声からは、アグアブランカの若い女性と聞いて私が思い描くような、生き生きとした活力が伝わってきた。ただし、若い泥棒たちが玄関の扉を破壊してスニーカーを持ち逃げしたという話を聞いてからは、彼女が家でゆっくり休んでいられるとは想像しがたくなった。なんと不快な皮肉だろう。脂肪を吸う吸血鬼に彼女の身体を委ねさせたのと同じ力のせいで、彼女の玄関扉が破壊されてスニーカーを盗まれたのだ。

　今や貧しい人びとは、豊かな人びとと同様に、躍起になって痩せようとしているのだろうか。そうだとすると、このことは階級闘争と模倣に関する論争としての美学に、非常に重要な変化をもたらすのではないか。この問いとその含意を検討するために、時代を遡ってみよう。わずか二十年ほど前のコロンビアについて考えてみよう。たとえば、当時のカウカ渓谷の南部や太平洋岸の小農は、痩せていることと個人的な魅力を同一視していたのだろうか。当然、そうではなかった。それどころか、痩せていることは醜さや病い、そしておそらくは妖術の兆候であるとみなされただろう。

白人になろうとしている黒人はどうだろう？　この新しい細さは、白人の身体とでも呼べるもののまがいもの《イミテーション》ということになるのだろうか。私はそう思う。しかし、そこには逆向きの模倣《イミテーション》もあると思う。カリ周辺の田舎で二人の黒人の十代の女子生徒にラ・リポについてどう思うか聞いたとき、彼女たちが話してくれたのは、二十代後半の白人の女性教師がインプラントをして突き出したお尻にしたということだった。「ほら」、彼女たちはクスクス笑いながら説明する。「白人の女の人はケツが小さいから」。サトウキビを運ぶ巨大なトレーラーが、砂煙をあげながら続けてゴロゴロと通り抜けていった。今サトウキビの育てられている畑はかつてアフリカ系コロンビア人の小農のものであったが、彼らは今や強制的にプランテーションのために働かされている（仕事があればの話だが）。その教師にとって、毎日女子生徒たちの前に立って板書しながら、アフリカ系に触発された新品のポンピス（尻）をひけらかすことは、どれだけ奇妙なことだろうと思った。そして、この民族横断的なミメーシスであり神聖なハイブリッドが奇妙だとしたら、ケツ、お尻、ポンピスなどという単語が言語から飛び出して、タブーと逸脱、魅力的なものと不快なもの、ユーモラスなものと美しいものを分割する縁にそって滑走していることは、さらに奇妙ではないか。

だとすれば、私の数十年来の友人はどうか。彼にはもう十年も会っていないが、そのあいだに大変な状況に陥っていた。妻と別れて、カリのスラムで一文なしの写真家として惨めな生活を余儀なくされていた。五十五歳にもかかわらず、歩く屍のように見えた。骨と皮ばかりで、大きな瞼がかぶさった目は暗くくぼんで、頬骨が目につき、歯が唇を押しやって突き出ている。これが、貧困によって作り出されたもう一つの「宇宙整形」であり、痩せていることの裏面なのだ。

ただし、この「裏面」も宇宙整形に組み込まれているようだ。整形で豊胸した女性が感染症にかかり、なんとも恐ろしいことに、両乳房切除手術を受けなければならなくなった、という話は何度も聞かされた。この物語は痛烈なばかりか、グロテスクなイメージと聖書のような罰が付随している。ここでは何か別のことが表現されている。乳房以外のことが。しかし、女性の乳房以上に神話的で寓話的なものなどあるだろうか？

目しかない。その目もまた、宇宙整形医の手で大きくされる。友達の話では、目を大きくしたはいいが、今は閉じられなくなった女性たちがいるそうだ。

「考えてもみてよ！」。笑いを噛み殺しながら、隣人が口をはさむ。「寝るときはどうすんだろう！」。

今やわれわれはみな勢いづいている。ヨパルという小さな町で一年間の必須の地方勤務を行った若い医師が言うには、ベネズエラまで広がる平原の僻地にある人口二万人ほどの同地ですら、宇宙整形医が飛行機でやってきて、周囲の田舎から患者を集めて、毎週末に四回の脂肪吸引手術を行うそうだ。彼女はまた、ボゴタにある病院の救急外来で働いていたとき、オイルインプラントが腐敗してしまった女性の左右の臀部から、数リットルもの排膿をした経験も語る。数リットルも！

「アメリカから飛行機で来る人も多いし、この領域ではコロンビアは今やブラジルを追い越して先頭に立っているの」。私の友人オリヴィアは、町はずれにある軽量コンクリートブロックでできた彼女の暑苦しい家で私に昼食を用意しながら言った。そのあいだ私は、ドキュメンタリーを装いながら、実は**電動マッサージ**で脂肪を取り除くとされる「振動コルセット」を取り上げる十分間の広告を見ていた。「死んだ人もいるのよ」。彼女はテレビをちらっと見て教えてくれた。「腸破裂で」。

腸破裂で死ぬことは、私の友人でミュージシャンのグロリアから聞いた話よりもひどそうだ。彼女の友達はシリコンでヒップアップしたが、結果的にシリコンが脚にそって徐々にずり落ちてしまった。これを書きながらも、滑り落ちているのが目に浮かぶ。リポはめちゃくちゃ危険だ、と彼女は言う。「シリコンをどうしても受けつけない身体の人もいるの。ともかくね」。彼女はさらに続けて言う。「愛があれば愛する人の容姿はどうだっていいでしょ。歳を取れば若さという美しさは失われるけど、だから何?」。グロリアにとってはそれで万事問題ない。彼女は熱心なエヴァンジェリストだ。この世の物事は、自分の歌と音楽を除けば、彼女にとってはそれほど重要ではなさそうだ。この新しい情熱は宇宙整形の代替物として町を席巻しているが、おかげで今やグロリアは夫との関係も修復することができた。

近所には、カリにある高級クリニックの臓器移植病棟で働く若い看護師がいる。彼女は幸運なほうだ。仕事があるだけではなく、この近所では夢にもみないほどの恵まれた仕事だ。ある日彼女は、自分の勤務するクリニックの医師に鼻を整形してもらおうと決めた。私が出会った多くのアフリカ系コロンビア女性と同様に、彼女もいわゆるナリス・チャタ（鼻ぺちゃ）を嫌がっていた。彼女のおばによると、勤務先の宇宙整形医が休暇に出る数日前に、彼女に挑発的に声をかけたのだという。「おっ、休暇に出る前に君の鼻をはやく整形しないとね！」。しかし、手術は失敗した。数カ月後、彼女は二回目の手術のために別の外科医を訪ねた。「今は猫みたいに息をしているのよ」とおばさんは私に言う（おそらくゴロゴロと喉を鳴らしているということだろう）。「猫がどうやって息するのか知ってる？　数フィート離れたところからでもあの子の呼吸が聞こえるの。あの子はエアコンの効いた部屋を出入りするし、おまけにまともに息ができないから、いつも頭が痛いって」。

一年後、彼女は脂肪吸引を受けた。まだ二十八歳で、スレンダーだった。彼女は、きつくなってしまった服を着るために必要だったと言う。しかし手術後には、その服を着ている姿を自分では受け入れられないことに気づいたのだ！「その姿で神の前に立つと、恥ずかしい気持ちになるんです」。すでにエヴァンジェリストになっていた彼女は言う。

今の彼女は金遣いが荒い。母親の家にある自室に鍵をかけて、明け方まで自分の買った半貴石や馬具をかたどった真鍮の装飾物を整理している。装飾物は部屋中を隙間なく埋め尽くしていて、ベッドの上には現金が散らばっている。隣人は、彼女が午前二時に家具を動かしているのを壁ごしに耳にしている。彼女にはガールフレンドもボーイフレンドもいない。この町に住むほとんどの人には信じられないことだが、新しい車を買っている。おまけに彼女の運転はスピードを出しすぎである。

この若い看護師が働く臓器移植病棟には、人びとが世界中からやってくる。とくにイスラエルから腎臓を求めてきた人びとは、どうにかして順番待ちの列に割り込んでいる。新しい腎臓、新しい鼻、痩身、豊胸に、ヒップアップされた尻と、スピードの出しすぎ……。

変わったお嬢さんであることは、間違いない。しかし、宇宙整形もまた、かなりおかしい。こうした違和感について、どのように語ればいいのだろうか。標準的な心理学や病理学を参照するべきなのか、それとも新しい科学を作り出すべきなのか。

ペレイラの街で出会った宇宙整形医のことが気になっている。その外科医は、人びとはみな、自分で自分の身体を見る見方と、それらが「現実として」どう見えているのかのギャップに苦しんでいるという考えを述べていた。しかし、ギャップはそれだけではない。私たちの見た目と理想とする容姿とのギャップもある。自分のことを「これじゃない」と、不完全で十分に恵まれていないと思わない人などいるのだろうか。そして今、宇宙整形が出現したことで、そのギャップはこれまでになく大きくなっている。

こうした見解はありふれたものだろう。とはいえ、私たちがあまり考えすぎたくないことでもある。看護師でありながらゴロゴロ猫になってしまったお嬢さんのように、私たちもおかしくなってしまうかもしれない。いずれにしても、私が自分自身をどのように見ているというのか。気分や時間帯によって、多くのヴァージョンの私がいるのではないのか。私が「現実として」どのように見えているかなど、誰が言えようか。私の写真はどれも違う。私の見た目と「理想」のギャップにまつわる感覚にも、同じ不確実性が当てはまる。しかし、宇宙整形に熱狂すると、迷いの晴れる瞬間が訪れる。今、私は理想に満たないことを自覚している。そう、私には何かが足りない！　そう、スティグマを負っている！　そうだ、見た目を変えるのだ。それにしても、どういうことだろう。自分自身を変えるや否や、また変えたくなる。ただし今度は、私の団子鼻はすでになく、猫のように息をしているのである。

今日、ほとんどどこでも、容姿に対する自意識は研ぎ澄まされている。たしかに、人類の歴史を遡ってみたときに、多くの場所で多くの時代にこれは真実であっただろう。そうだとしても、今日ほどに責め苦のような残酷な悩みだったのだろうか。感情的に厳しいうえに、論理的にはさらに厳しい。なぜなら、このシステムの要は、決してギャップを埋められないことにあるからだ。「鏡よ鏡、世界で一番美しいのは誰？」。

性と美への情熱と結びついた、自分自身に満足できないことへの責め苦のような満たされなさが、なぜ今日これほどまで見事に蔓延しているのかについての説明を試みるとすれば、次のような難解な表現になるだろう。すなわち、この満たされなさは、潜在化した現実が支配する時代にあって、さまざまな商品が性的なものになったことの対価である。いうならば今日、かつてないほどに（と主張するのは危険だが）イメージこそが世界に輝きと内実《サブスタンス》をもたらしてくれるものとなり、さらに、今や画像《イメージ》の作り手がフォトショップを持っているように、私たちは自分の姿《イメージ》を操作するための並外れた外科的手段を持っているからである。

だがここで、思い描いた理想に見合うように、人間が哀れにもがいているという一面的な見方には、注意を促しておきたい。おそらく人の自己像と現実のあいだのギャップは、現実そのものと戯れたいという望みとも大いに関係しているはずだからだ。変態《メタモルフォーシス》と戯れること、すなわち今現在のあなたであることをやめて別の何かになること、そしてさらにまた別の何かになり続けることを望んでいるとしたら？　宇宙整形に備わったこの潜在力については、フランス人のパフォーマンスアーティストであるオルランが衝撃的な形で示してくれている。彼女が何度も手術を受けたのは、より若くなるためでもより美しくなるためでもなく、別人あるいは別の何かになるためであった。

猫のようになるのは、それほど悪いことではなく、むしろとても良いことかもしれない。猫になった後で、また変身したくなる。そして変身を繰り返す。馬鹿げた外科的介入が失敗したとして、物語を悲劇的に解釈しているのは私たちだ。そして私たちは、猫のようだと語られた呼吸困難に注目する。なんとおかしな響きだろう。『不思議の国のアリス』のチェシャ猫は微笑んでいるだけだが、この宇宙整形された猫は鼻から雑音をたてるだけだ。ただし、世の中には動物（おそらくラクダか火を吐くドラゴン）のように呼吸したがっている人もいる。なぜなら、動物のように呼吸することで、身を脅かしてくる若い男を撃退し、（他の人たちがしているように）町の中心に歩いて行くためだけにボディガードを一時的に雇わないですませられるからである。そうした願いに応じようとする宇宙整形医からすれば、猫の雑音も深い探究に値するものである。

「身体は似ている（He is similar）」。ロジェ・カイヨワは、擬態《ミミクリー》についての見事な論考で、ジェンダー代名詞以外はすべて的確に、次のように書いている。「身体は似ている。何かに似ているのではなく、ただ単に似ている。そして身体は空間をつくりだすが、その空間は身体を「痙攣的に所有」するのである[2]」。そうした空間の一例を示してくれているのが、あの猫の女である。深夜に鍵がかけられた寝室、数多くの宝石や真鍮やペソ紙幣の散乱するベッド、大きな音を立てて動かされる家具。それは夢の空間であり、変身の空間であり、呼吸に苦しむ彼女が痙攣的に所有された存在となるようつくられた空間なのである。

神話大戦

黒い突起物が光を浴びる。私が見たこともないような何かが、この世界の成り立ちについてのあらゆる謎を投げかけている。それはゆっくりだが動いていて、うねうねしたゴムのような表面は、プラスチックとは違う艶っぽい光を発している。

それは太ももあたりまで伸びている。しかし私の目はそこをあえて見ようとはしない。

私がコロンビア国立大学へと急ぐ歩道で目にしたのは、ほんの断片だった。この大学はお高くとまった学生で知られている。警察がかれらの聖域、すなわちチェの巨大な肖像画で飾られたキャンパスに立ち入ろうものなら、覆面をつけた学生たちが火炎瓶《モトロフ・カクテル》を投げつける。聖域のなかは素晴らしい。まるで、独自の国境警備と興味深い慣習のあるよその国にいるようだ。男子学生のほとんどは先住民のコギ人のように美しい黒髪を肩のずっと下まで延ばしており、女子と見分けがつかない。

今日は何もかも穏やかだ。モンセラート山とグアダルーペ山の彼方から、どこからともなく激しく降りつける雷雨の合間に、時折太陽が優しく輝く。ボゴタの上にそびえ立つ黒い山脈は、山頂に十字架を掲げている。まるで救世主の身体のように、荒れ狂う空に――エル・グレコが十字架の背景に描こうとしたような空に――釘で打ちつけられているかのようだ。バロックが再び現れる。山にまでモンセラート（ギザギザ山）やグアダルーペ（聖母の山）などという名前がついているのは、慰めではないだろうか。そこで私は、あの何ものでもなかったものは膝だと気づく。しかし、他の膝とは違う。鎧に包まれた膝だ。

確信を得つつ、もう一度ちらりと横目で見る。鎧をつけた男だ。他とは違う男。私はちゃんと見たのだろうか？

このような時、頭の回転がとても速くなるのは不思議なことだ。おそらく、溺れる時もこんな感じなのだろう。膝当ては、地面に伏せて、しっかりと確実に自動小銃で射撃できるようにするためだろう。しかし、この男には**本当**に必要なのだろうか？　アフガニスタンの米兵には**本当に**必要なのだろうか？　膝当てのせいで歩くのが難しくぎくしゃくするのは確かだが、いずれにしても兵士たちはほとんどの場合、装甲車に乗っているのではないのか？

ここには別の必要性があるのだろう。グロテスクなもの、そして醜さを凝固させる必要性。効率の観点から考えるのは単なる合理化だ。ここで実際に作用しているのは、神話大戦で使われる兵器の必要性である（J・M・クッツェーが「ヴェトナム計画」でみごとに描いたように[1]）。そうだ！

ここで一番必要なのは、人びとを怖がらせることだ。そのために、兵士は次のような方法をとる。

- **自分自身**を恐れる
- **超自然**になる
- **劇場**と**スペクタクル**を作る
- **実在という様相を変える**（ウィリアム・バロウズ曰く、「ブラックホール、実在という構造の穴の中で、この穴をとおってあの古代都市の住民がタイム・トラベルしてきて、どこにも行き場がなくなった[2]」）

もう一度ちらりと横目で見る。今回は太ももまでだ。別の断片。巨大な**コッドピース**が目に入る。同じゴムのようでうねうねして艶っぽい素材でできている。まるで馬の性器を包み込んでいるかのように膨らんでいる。あるいは『泥棒日記』に出てくる、股にぶどうを詰め込んでいるジャン・ジュネの恋人のように。

中世に連れてこられてみたいだ。コッドピースだって！　私の力が宿る大事な場所を、敵が狙っている。拍車ではなくコッドピース（ブラゲット）が「武人にとっての装具の華」であると、ラブレーの『ガルガンチュワ』でパニュルジュはいう。コッドピースの仕事は男の睾丸を保護することだとパニュルジュは説明する。イチジクの葉という聖書の権威をひきながら、その「皺のより方、艶やかさ、大きさ、色合い、香気、武装のための功徳能力」に注意を促す。とはいえ彼は、簡単にはおさまり切らない巨大な睾丸もあるのだとも指摘する。たとえば、彼のものをごしごし擦ってきれいにするために、スペイン風のマントのようにテーブルに広げた気高いバレンタインがそうだった。(3)

しかし、コッドピースの巨大な隆起は、傷つきやすさに注意を向けさせ、むしろ敵の怒りと射撃をも引き寄せるのではないだろうか。嫌悪感ゆえに、いっそう魅力が増すのではないだろうか。おそらく、防弾加工された衣類を専門とするボゴタのファッションブランド「ミゲル・カバジェーロ」なら、答えを知っているのだろう。防弾服のアルマーニと呼ばれるこのブランドは「イタリアをテーマとした最新のアパレルラインには、ブレザー、レザージャケット、コート、レインコート、ドレスシャツ、Tシャツ、ポロシャツ、ベストなどを揃えた」とウェブサイトで主張している。これらの衣服は「ミニUZIのような短機関銃のみならず、より攻撃力の強いアサルト・ライフルやMP5のような機関銃」からも守ってくれるという。(4)

ここに、大学の外で出くわした黒い鎧の騎士や新しい機動隊の美しさが示されている――新しい機動隊は、もっと凝った言い方ではESMADとして知られており、スペイン語の発音は「is mad(～は狂っている)」と聞こえるのだが、これはかなり実態に近い。一方で、正式名称Escuadron Movil Anti-Disturbios(暴動鎮圧機動隊)には、権威に不可欠であろう素敵な、もったいぶった、気だるい恐怖が備わっている。

ビデオでは、ＥＳＭＡＤの男たちが誇らしげにユニフォームを見せびらかしている。カメラは、ずっしりとした高機動多用途装輪車両《ハンヴィー》のような放水銃よりも、むしろ派手なコッドピースの前で優しく動きを止める。路上で勃発した戦いの最中にカリの学生が撮影した別のビデオは、放水銃が亀のようにのろく扱いにくいものだということをさらけ出している。ＥＳＭＡＤの男たちも同様にぎこちない。一方、覆面をつけた学生たちは、あちこちに突進して火炎瓶を投げている。振動とともに、オレンジ色と黄色の炎が放水銃に注がれる。この壮観なパフォーマンス、死のダンスを、双方が楽しんでいるようだ。

二〇一一年のカイロのタハリール広場で、デモ隊《プロテスター》はさらに先へ進んでいた。写真のなかで、迷彩柄の戦車や体格のいい兵士に立ちむかう彼らは、独特の「対暴動用装備」に身を包んでいる。一人の怒れる若者は、透明の食品用ラップを頭に巻きつけ、細長いパンを耳の横で垂直に固定している。パンはまるでアンテナか、想像を絶するほど邪悪な何かのようだ。別の、こんどは瞑想しているような口髭のある男は、頭に鍋をかぶり、赤い布で固定している。また別の人は、まるで水田にいるベトナム農民のような姿で、ゴミ箱の蓋をどうにかして頭に固定している。効果は見事なもので、突如として国家の神話大戦という邪悪なメロドラマに穴があく。このユーモアと抵抗の美学が混じり合った補綴によって、荘厳なものは笑い飛ばされる。それはまるで、「ウォール街を占拠せよ」のデモ隊が、二〇一一年十一月十七日にオレゴン州のポートランドで二カ月におよぶ占拠を祝福しながら、対暴動用装備に身を包んだ警察に立ち向かった際の滑稽な詩のようだ。

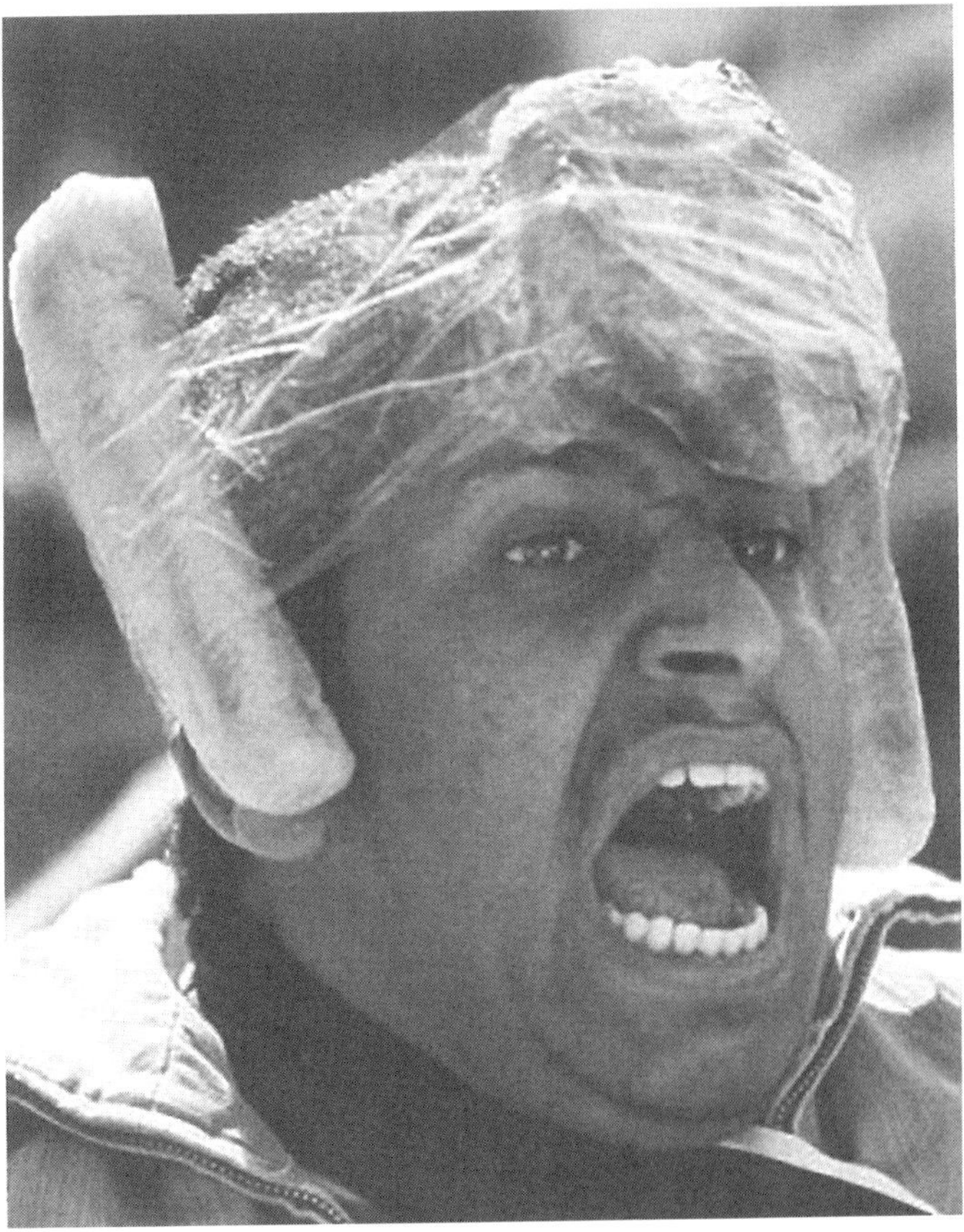

撮影：EPA 通信社ヤニック・ティーラ（Yannick Tylle）。

きみはセクシー、きみは可愛い
暴動スーツを脱げよ！(5)

私がボゴタで見た対暴動用装備は、今や世界中に存在している。中世の美学、あるいはドン・キホーテが愛した華麗なバロックへの回帰。ただし、女性の高潔を守るために戦う鎧に包まれた騎士は、いまや近代国家のために働く乱暴者になりかわった。あらゆる場所で、やはり黒い服を着た「アナキスト」の台頭とされるものを鎮圧するために準備を整えているのだ。

二〇一〇年六月のG20トロント・サミットにおける機動隊の美学を示すひときわ目立ったデザインの特徴は、リズミカルに叩きだされる恐ろしい音だ。まるで、地中から悪魔がそろって湧いて出たようだった。機動隊は、YouTube上にある無数の動画が示すように、（大きな黒字で斜めにP－O－L－I－C－Eと書かれている）体全体を覆う透明のシールドを一斉に叩きながら、道路の幅を占拠し、列をなして進んでいる。催眠術にかかりそうな音だ。その音は、機動隊の重い足取りと耳に響く恐怖の鼓動を模倣しながら、いまや最後の審判のリズムと同化している。風に吹かれるもみ殻のように、あなたの身体は電撃戦《ブリッツクリーク》に巻き込まれる。この穏やかなメイプルリーフの国で、ひときわ目立つ振りつけを施されたデザイナーテロリズムの事例は、新しい日常だ。報道は、こうした出来事を前に恐怖に陥る黒服のアナキストについての言及を忘れることはないが、警察が上演する綿密に考案された暴力の劇場がコメントや分析の対象になることはなく、あったとしても稀である。トランペットの形をした銃口のあるアンティークのマスケット銃のような武器を持つ警官がいる。明るい黄色のプラスチック製の手錠の花束を、膝のところで揺らしている警官もいる。ヘルメットの防護シールドを顔まで下ろした連中は、世界を――つまり通常の世界を――遮断している。シールドを上げて、顔に対して絶妙な角度で突き出している連中は、すべてを貪り食らいながら進む巨大なゴキブリの大群のようだ[6]。

　この生き物を形作っているデザイン上の選択について自問してみる。対暴動用装備に身を包んだ男、彼の閃光灯は言うまでもなく、サイレンなどの「音響兵器」、催涙ガス、戦車、馬。これは宇宙整形の作品ではないのか。あるいはむしろ、人びとが好んで語る失敗した整形によく似た、宇宙整形の裏面――暗い側面――だろうか。

　だとしたら、この鎧に包まれ、宇宙整形によって強化された身体は何なのだろう？　今日の世界に示された新しい身体について、私たちに何を語ってくれるのだろうか。そして、物語とはどのような関係にあるのだろうか。

再びヴァルター・ベンヤミンの一九三七年の論考を思い出しながら問いに答えることにしよう。ベンヤミンは、物語るという技術は終焉に向かいつつあり、ここには死との複雑な関係があるという。ここでいう死はどちらかというと私たちが近代と関連づけるタイプの死であり、戦場であれ、チューブにつながれた集中治療室であれ、家から遠く離れた場所での死である。関係が複雑なのは、死が物語るという技術を支えることもあるからだ。この点について、彼の論考は「前近代の死」とでも呼びうるものを参照しつつ豊かに描写している。そこで、このように提案してみたい。すなわち、ベンヤミンがいうように終焉を迎えるのではなく、新しいタイプの物語が現れている、あるいは強化されているのではないだろうか。この物語は、世界の身体でもある新しい身体を取りまいている。

ベンヤミンは、第一次世界大戦後に前線から帰還するドイツ兵の姿を提示する。彼らは、自らの体験を語ることができない。体験がないからであり、あるいはむしろ、彼らの長期におよぶ経験が、速射のように断片的で刹那の生きられた瞬間――それは「経験」されるやいなや記憶から消し去られる――に置き換えられていたからだ。経験の代わりに、ベンヤミンは私たちに身体を与える。荒野のリア王のように、歴史の風に裸でさらされた、わびしく孤独な身体だ。

ベンヤミンの定式化において注目すべきは、人間の身体と経験が競い合う関係にあるということだ。経験するという能力へ与える被害が大きいほど、身体が重要性を増し、最後に残るのは身体のみとなる。しかし、そこで問わねばならないのは「これはどういう種類の身体なのか」という問いである。

この身体は、ベンヤミンの有名な言葉では「青空に浮かぶ雲のほかは何もかも変貌してしまった風景のなかに」立っている。「その雲のしたで、破壊的な力と力がぶつかりあい、爆発をつづけるなかに、ちっぽけなよわよわしい肉体の人間が立っていた」[7]。

したがってこれは、経験の代理を務める身体である。まぎれもなき身体であり――そしてここが私のポイントなのだが――戦争とアグリビジネスによって破壊された小農経済の力と力がぶつかり合う場（「雲のほかは何もかも変貌してしまった」）において、いまや宇宙整形の標的となっている身体でもある。ただし、地球という惑星が産業の毒に反応して変化しつつある今、雲までも変わりつつある。この状況でまさに、宇宙整形の恐怖についての物語が溢れているのだ。しかし、ベンヤミンの考えでは、物語は終焉を迎えたか、迎えつつある。

だから、少し調整を加えなければならない。私たちの手元にあるのは、生と死のあいだの空間にあつらえられた、種類の違う新しい物語だからだ。この空間、この緊急事態は、今日の世界では、例外ではなく標準である。これらの物語は、最後から二番目となる運命にある――**永遠に最後の手前の瞬間という瞬間**だ。最後は存在しない。終わりはない。あるいは、すべてがつねに終わりであるともいえる。ここには、新しい時間の感覚がある。継続的な終わりというのは、「実在という構造の中の「ブラックホール」が日々増幅される、繰り返されるカタストロフィの感覚に浸かった世界に合っているように思われる。

物語を終わらせつづけるこの種の物語が、美形化される人間身体の運命にこれほど親密に結びついていなければならないというのは、なんと魅惑的なことだろう。私の感覚では、これが起こりうるのは、あるいは最高の表現となるのは、美容整形――**宇宙整形**――が芸術として存在する国においてのみである。そこでは、身体切除を含む、美女と野獣がより合わさった美的実践が生みだされる。

美と切除

身体の切除は、死後であろうと生きたままであろうと行われてきた。その長い歴史は、コロンビアでは少なくとも一九四〇年代後半から一九五〇年代にかけての「ヴィオレンシア・クラシカ（古典的な暴力）」の時代までさかのぼることができる。当時、リベラル派と保守派の対立する政党員がマチェーテやナイフを巧みに使って互いを痛めつけることは、決して珍しいことではなかった。身体切除のデザインには名前がついていた。「コルテ・デ・コルバータ（ネクタイカット）」では、顎の下の肉が切られ、そこから舌が引っ張り出される。「コルテ・デ・フラネーラ（フランネルカット）」では、頭部を支える筋肉が切られ、それが脊椎に対して直角に垂れ落ちる。「ボカチーコ（小さな口）」では、生きた体に浅い切り込みが複数入れられ、犠牲者は出血によりゆっくりと死に至る（この名前は魚を揚げる際、表裏に平行して切り込みを入れる料理手順に由来する）。「コルテ・デ・フロレーロ（花瓶カット）」、「コルテ・デ・ミコ（モンキーカット）」、「コルテ・デ・フランセス（フランスカット）」などなど。これらに加えて、レイプ、性器切除、子宮から生きた胎児を取り出して殺すことなども行われていた。(1)

三十年を経て、これらの創造的な切除の美学は、コロンビアの民兵組織が行う手術として再浮上した。いくつかの組織は、イニシエーションとしての役割を兼ねて身体切除学校の運営も行っていると報告されている。ある民兵、フランシスコ・ビジャバこと別名クリスチャン・バレートは、一九九〇年代にそのような学校に通っていた。そこで学生は、情報を得るために生きた人間の身体をばらばらに切断させられていたという。(2)

「祈りの言葉さえ、私が当時感じた恐怖を取り除いてはくれない」と、若い女性民兵はコロンビア人の著述家アルフレッド・モラーノに語った。「彼らは、男を地面の上で縛りつけ、中身がぐちゃぐちゃの骨の袋みたいになるまでぶちのめした。生きたまま、マチェーテで膝から下を切り落とし、それから腕を切りながら、「痛いか、痛いか？　この野郎！」と聞いていた。次は顔だった。鼻、唇、耳。残ったのは、生きた肉の塊だけだった」。でもゲリラにも似たようなやり口があったのよ、と彼女は急いでつけ加えた。(3)

宇宙整形は民兵《パラ》に特徴的な行為だ。お気に入りの道具であるチェンソーによる切除を行うときと同様、彼らの戦略――そう呼ぶにはあまりにも単純すぎるものではあるが――は、間違えようのないメッセージを送ることだ。民兵の指揮官であるサルヴァトーレ・マンキューソに与えられたデザイナースマイルは、この食肉解体屋《ブッチャリー》の倒錯した補完物だ。それはホラー映画のなかで美女と野獣が並置されることに、つまり微笑と切断された身体や、含み笑いの悪役と略奪された被害者が並んで登場することに似ている。あるいは、子どもの漫画『トムとジェリー』や『バッグス・バニー』のように。このイメージもまた、恐ろしいほどリアルだ。マンキューソが〔身体を〕切り分ければ切り分けるほど、高級な歯科医に、彼の歯はもちろんのこと、笑顔もシャープにしてもらえる。

一九八〇年代初頭、アンデス山脈がアマゾン盆地になだれ込む小さな辺境の町モコアで、巨大な、窓一杯に広がったスチール社のチェンソーの広告を目にした。六フィート高の厚紙が、ショートパンツの若い金髪女性の人型に切り抜かれていた。女性は地面に座り黒っぽい木の幹に寄りかかっており、広げた足のあいだに股をめがけてチェンソーが置かれていた。

十年後、カウカ渓谷の町トルヒージョで起きた民兵による大虐殺について耳にした。数百万の人びとが拷問を受け殺された。チェンソーでばらばらに切断された人も、おそらく大勢いた。そこには、去勢され首をはねられたとされるイエズス会のティベリオ・フェルナンデス神父も含まれていた。切断をはじめた時点では生きていた可能性も十分あるだろう。

しかし、身体切除の技芸はこれでおわりではない。酸で跡形もなく消された顔、縫い合わされた目、切断された指の話はよく聞かされる。それでもまだ足りないかのように、身体は川に投げ捨てられ、確実に沈むように腹腔に石を詰められることもあるという。私が話した人たちは、尋ねられると肩をすくめて、なぜこういうことがされるのかまったくわからないという。犠牲者の身元を隠すためという実践的な理由——と彼らが主張するもの——を持ち出す人もいる。しかし私は、これらはすべて身体抹消の儀礼にとって不可欠なものであり、「実践的」という装飾によってさらに魔術的になるのだと考えている。

宇宙整形の一形態としての身体切除には独自の美学があり、それはニーチェが『道徳の系譜学』で示すように、記憶を永続させるものであった。ニーチェによると、「人間がみずからに記憶を刻み込もうとするときにはつねに、流血と拷問と犠牲なしでは済まなかった［……］（たとえば初子《ういご》の儀礼がその一例だ）、極めて忌まわしい身体の毀損（たとえば去勢である）［……］これらのすべては、苦痛こそが記憶術の力強い助けとなることを嗅ぎつけた本能から生まれたものである」。ニーチェの見立てでは、残酷さは今日奇妙な形で「神格化」されて残存しているだけではなく、近代文化の構成要素なのである。「他人が苦悩するのをみるのは楽しいことである」、とニーチェは書いている。「他人に苦悩を与えるのはさらに楽しいことである(4)」。

アブグレイブでの米軍看守の画像と、言うまでもなくグアンタナモ湾からの情報も念頭に置きながら、われわれはニーチェのここでの洞察、なかでも、拷問から演劇的なもの（「祝祭的なもの」という意味で）を切り離すことはできないという点について、認めざるをえないだろう。

ニーチェは、残酷さの美学ははるか昔に存在していたものであり、今日われわれが目にしているものは世界の「後進的な」片隅でしか生じないものだと言っているように思われるかもしれない。たとえばコロンビアの民兵組織、死刑執行への熱狂で悪名高いテキサス州やジョージア州、あるいは近代国家の「戦争機械」すなわち警察と軍隊というように。加えてフロイト流に、「文明化のプロセス」には本能の抑圧が含まれているという視点からニーチェの議論を解釈することもできるだろう。すなわち、〔文明社会で抑圧された〕残酷さが出現するときには火山の噴火のような相当の力が伴うのであり、ニーチェがほのめかしている古代の「無垢」や祝祭を欠いたものになるのだと。しかしニーチェは、より複雑で説得力のある図式を示している。すなわち、この文明化のプロセス（彼が「ルサンチマン」と呼ぶもの）は、その精神生活の一部として暴力と残酷さを必要とし、それらに依拠しているのであり、とくに美学的なやり方によって支えられている。そこには、ある種の演劇様式に見出されるような洗練された模倣が含まれている。たとえばニーチェは、今日の犯罪者が強化されるのは、自らの行為が**正義の名において**司法の力に模倣されていることを目にするからだと述べている。

> それが疚しくない良心の行う行為として、善なる行為として、遂行されているのを目撃するからである。こうしてスパイ行為、欺き、買収、詐術など警官や告発者が活用するすべての悪賢い手管が、そしてそれだけではなく、さまざまな刑罰において明確に確認できる行為である強奪、圧服、誹謗、監禁、拷問、殺害などが、たんに感情に走ったから行われるどころか、根本的に免責されていること〔を目撃するからである〕(5)。

正義の名において。ここが難しいところだ。だが、もしこのような模倣が悪魔的にひどいものだとしたら――民兵の宇宙整形のように「正義の名において」正当化を見出しているのだから――、抹消の魔術が動きだし、チェンソーや川のおかげで宇宙整形が最高潮に達したときの、究極の繁栄はどれほど演劇的だろうか。

しかし、もう十分だ！　老いぼれた男どもが商売道具を巧みに扱うことで実現されるメロドラマはもうたくさんだ。ここでやめないと、まさに彼らの陰謀そのものをわれわれが達成してしまうことになる。ありきたりな日常を検討することで、聖なるものから俗なるものへ移動しよう。街角へ散歩に出かけよう。ここでは、何十年も前から、同じように暴力へ向けられた細心の注意が別の領域に存在してきた。すなわち、暴行された死体と裸あるいは半裸の女性のぞっとするような写真が、エル・カレーニョ紙、エル・エスパシオ紙、エル・ボゴタノ紙などの日刊紙に横並びに提示されてきた。売店は客を引きつけるために見開きのページを飾っているが、ありがたく鑑賞しているおもに男性の群衆から判断するに、これは公共サービスでもある。人びとは、その日一日分のセックスと身体切除を享受する。両者はここでは、冷たい舗道に平積みされた新聞の日常性のおかげで、十分に調和している。

デザイナーテロにおびえることはとても容易だ。なぜなら、まず怖いからで、つぎに、単に激怒やいじめや不満の噴出ではなくデザインされているということに気づいたとき、怖さが増すからだ。思うに、舗道に広げられた新聞を目にすることは、軽めのデザイナーテロに遭遇するようなものだ。

なものだ。

その先に待ち受けている本物の恐怖を把握することで、少し安心できるのだから。予防接種のよう

しかしこのことは、食品ラップで頭を巻いてパンのアンテナを支えていたタハリール広場の青年がみせた見事な対抗美学の事例について、どこまで当てはまるのだろうか。ツイッターやデジタルメディアの重要性を語るメディアの宣伝はそれくらいにしておけ、と彼は言っている。これは本物の頭に乗った本物のパンで、本当に本物らしくない象徴的なアンテナだ。国家の抑圧装置という子取り鬼についてはもうたくさんだ。そう、もちろん奴らは怖い。一九六八年五月のパリの路上で放たれた怪物を思い出す。顎からすねまで黒革のコートに身を包み、中世の盾を持った巨人たち。獲物を狙う野獣は、洞窟や檻のなかに隠れており、国家が窮地に追いやられ放たれる日まで、毎日赤身の肉を与えられている。しかしあの闘争では、機知や美も反対勢力として路上に乗り出した。それも単なる反対ではなく、四十年後の「ウォール街を占拠せよ」運動と同様に、新しい世界を求める叫びだった。デザイナーテロに組み込まれたアートを通して、食品ラップの制服に包まれた身体は、歴史と革命に向けて小粋に歩を進めることで、恐怖の美術と恐怖がもっとも恐れるユーモアの美術のダンスを再開する。食品ラップの美術が利用しているのは、恐怖は、とくにデザイナーテロは、人間がネズミやウサギなどの動物に置き換えられた子どもの漫画と紙一重でしかないということである。ラブレーとともに、そうした美術は、ばかげたコッドピースやシールドを叩いている大の男から毒気を抜く。権力を追い求める者たちから滑稽な要素を抽出し、彼らが言葉にできないば

からしさに頼っていることを表ざたにすることは、恐怖を笑いに、プロテストをカーニバルに変える。偉大な漫画家チャック・ジョーンズは、動物を人間らしくするほうが人間を人間らしくするより簡単だと考えたのかもしれない。しかし、世界中にいる食品ラップの芸術家は一歩先に進み、動物をも含んだわれわれみんなを人間らしくしている。それも、神話の戦争を非神話化することによってではなく、再魔術化することによって。

爆発する乳房

「コロンビアはパラとナルコの国だ」、外科医はあけすけに言った。私は、ペレイラにある宮殿のような宇宙整形クリニックの椅子に腰かけようとしていた。山々がそびえ立つペレイラは、かつては豚やコーヒーや織物によって、今はコカインや宇宙整形やファッション産業によって富を得ている。近くには、床が透明でその下に魚が泳いでいるような豪華な家が建っているのだという。

のっけからここはパラとナルコの土地だと聞かされるのは衝撃的だ。これが行先を示すGPSになる。「はじめに言葉ありき……」。そこから始まり、別の形の宇宙創世記である宇宙整形に終わる。

「カルタゴを知ってる？」。栄養士が私に尋ねる。「たった数マイルしか離れてないの。想像してみて。ちょうど今みたいな昼下がりで、外はまだ暖かい。ナルコとパラが歩道の側に座ってビールを飲みながら、並んで歩く女の子たちを品定めしている。女の肉体のマーケット。十二歳から二十

「バストをあげるから王国をちょうだい」（1998年10月9日，コロンビアの高級紙エル・エスペクタドールの一面に掲載，撮影：フアン・カルロス・ゲレーロ・ベルトラン。

歳くらいの貧しい女の子たちよ。母親たち？　母親が娘を売っているの。そういう子たちはみんな手術をしたがってる」。

「ナルコたちは、胸がどれだけ大きいかにしか関心がありません、とコロンビアのテレビ女優は語る。女を手に入れたとして、ナルコが最初にするのは、整形外科に送ってシリコン・インプラントを入れさせること。でも、どれだけ大きくするのかを決めるのは彼らで、本人ではないんです」[1]。とはいえ、ある朝早く、彼らが最初に送ってきたのは、ピンクのリボンで飾られてドライブウェイに停められたBMWの新車だった。ときにナルコは、胸のサイズよりもっと多くのことも決められる。もちろん女を殺すこともあるだろう。隣人が私に教えてくれた話では、地元の郵便局長のきれいな娘は、ナルコと結婚した翌年に殺されたのだという。「きれいな女の子たちはお金目当てでナルコとつるみたがる」。隣人は頭を振りながら話した。「きれいな女の子たちは自分たちの美しさを利用する。勉強はしたがらない。贅沢な暮らしをしたがる。だから整形がこんなにも関心を集めているんだよ」。

かつて、そんなに遠くない昔、このあたりの女性は、自分の服を自分の家で作っていた。シンガー社製のミシンがあり、裏道を歩いて布を売る中東からの移民がいたからだ。かつて、女性はスカートをはき、身体をほとんど露出しなかった。かつて、ファッションは落ち着いており、長年にわたって変化せず安定した状態が続き、きちんと小ぎれいにしておくことと可能であれば靴を一足もっておくこと以上の興味を持たれるものではなかったように、私には思われる。それが、一九七〇年代に私が見ていたものだった。当時、ほとんどの人はまだ、小さいながらも農地を所有していた。それも今日からすれば有史以前のことのようであり、ファッションは特別なものになった。黒い空から墜落する隕石のように偉大で巨大になった。若者たち、とくに若者たちが、この新しい歴史を背負っている。まるで、土地を失った今、かつて入り組んだ畑の木々に与えられたあらゆる細やかなケアが、身体の見た目へのケアに移行したかのようだ。プランテーションが生活世界のあらゆる側面に拡大し、さまざまな目的で使われる化学薬品や、より新しく大きな機械や、壮大な砂埃を巻き上げながら田舎道をガタゴトと進む巨大なトラクタートレーラーが土地を技術の対象にしている。ちょうどそれと同じように、土地を失った若者たちの身体もまた、ますます技術の対象になっている。身体は根本的に変化している。世界の身体はかつてわれわれのものであった。いまや、われわれのものである身体も同様に彼らのものになった。しかし、本来ならば、それらは誰にでも属し誰にも属さないものであるはずだ。

ここでいう「かって」の時代に――ガルシア＝マルケスの『百年の孤独』を思い出してほしい――マリファナはなく、魔術的リアリズムだけがあった。コカはコカインではなくコカの葉であり、辺境の地に住むインディオがライムと一緒に噛んで使用していただけだった。ところが、クリシェであると同時にあいまいな表現ではあるが、いくつかの理由によって、すべてがひっくり返った。魔術的リアリズムが現実《リアル》に、あるいは見ようによっては、完全に魔術になった。一九八〇年代にコカインの生産が始動した。最初は輸出のためで、のちに国中で使用されるようになった。ゲリラによる戦争が勃発し、ゲリラに対抗するために民兵組織が仕掛けた攻撃が続き、アメリカ合衆国による軍事介入が増えた。そしてファッション産業は、新たなメディチ家（ゴールドマン・サックスやリーマン・ブラザーズやその仲間たち）がアートに投資しはじめるにつれて、国際的なアートワールドとも連携してさらに巨大化した。

一九九〇年代後半までに、身体と身体装飾を通じた女性の美しさは、一つの産業になったのみならず、光を放ちながら新時代を告げる炎の使者となった。われわれはかつての「カタツムリの〔のろのろした〕時代」から「隕石の時代」に移ったのであり、連続的な蕩尽によってもたらされる華々しい大火災に見舞われることが運命づけられている。不気味な物語を伴うナルコの乳房はその最たるものだ。たとえば、〔航空会社の〕安全管理に関するこんな話がある。手術のあと、乳房が落ち着くまで一週間は飛行機に乗ってはいけない。さもなくば、気圧の変化によって上空で爆発するからだ。
「飛行機でスペインに帰る途中の娼婦の隣に座っていたの」、友人の母親が私に話してくれた。「ペレイラから離陸する直前にスチュワーデスが来て、手術したばかりだから飛行機から降りるようにって。彼女、ずっと泣きながら、二日以内にスペインに戻らないと仕事を失くすって言っていた。知ってるでしょ、術後に上空で乳房が爆発して死んだ女性もいるしね」。

しかし、若くてハンサムな宇宙整形医は、そんなことはないと断言した。彼は、まるで生まれつき祝福された外科医であるかのようなさっぱりとした自信をもって、爆発する乳房は神話だと告げた。「われわれがインストールする乳房は、気圧の変化に一〇〇パーセント対応できます」、と彼は言った。だが一年後、コロンビアのメディアは、美しいニュースキャスターでランジェリーモデルでもあるラウラ・アクーニャの恐ろしいニュースでもちきりだった。彼女の左胸は本当に「爆発した」か、少なくとも激痛を伴って漏れたのだ。

あの外科医は二〇〇パーセント多忙だとも主張していた。四十代にさしかかる女性たちの多くが、夫たちがほっそりとした若い子とつき合いだすのを恐れていることを考えると、驚くことではない。とはいえ、それが何の役に立つのか？　サンタ・マルタで、マリアが友達の話をしてくれた。その友達は、若くてきれいな女に走った夫に捨てられたのち、乳房と尻を大きくしたのだという。あげく息子に「ママ、あの人が欲しいのは二十歳の女で二十歳みたいな女じゃないんだよ」、と言われる始末だった。

ダウンタウンの混雑した通りのありきたりなオフィスビルに入っている、それほど高級ではないクリニックで、サッカーボールのようなかわいらしい顔をしてブルージーンズをはいた別の宇宙整形医が、コンピュータでゆっくりとスライドショーを見せてくれた。彼がトレーニングを受けたブラジルでは、乳房を縮小してお尻を拡大することに力点が置かれているのだと説明してくれた。コロンビアでは、乳房を小さくする手術を依頼されたことは一度もないという。

最初に彼は、三つか四つの乳房を――つまり乳房インプラントを――コンピュータの前に並べた。これらは、臀部やふくらはぎに使われるインプラントと似ているのだという。まるでたくさんのクラゲのように、さまざまな大きさの青白い半透明の球が並べられている。私はもちろん向こう見ずにも摘み上げてみたのだが、その重さに驚いた。外科医曰く、三五〇CCの乳房はしっかり一ポンドあり、これがコロンビアでもっとも一般的に使われているものだという（ブラジルでは八〇〇CC）。これを二つ分、つねに運び続けなければならないと想像してほしい。男である私は、ここで人生の基礎的な事実を学びつつあった。

彼は素晴らしい教師だった。コンピュータの電源を入れて、最近の仕事のスライドショーをプレゼンしてくれた。スクリーンに浮かび上がるのは、外科医と手術直後の状況を映した血まみれの写真群だ。ほとんどの画像に顔はなく、乳房だけが映っている。ところどころに、痛々しい苦悩の表情を浮かべた女性の写真があった。つかの間のイメージだが、それで十分だ。医師のオフィスの暗い壁のなかに座って身体部位のパレードを見ていると、現実はより一層現実味を増す。美の夢とも、この制作者たちが制作しようと躍起になっている完璧な身体とも、完全に食い違っている。関係者すべてにとってきつい仕事だ。「プチ整形」といった言い回しは、その気軽さゆえに重宝されているが、それ自体がまさに物事の深刻さを示している。

「危機に瀕した四百の乳房」。地元の新聞の切り抜き画像が映し出される。問題となっている女性たちは、モグリの宇宙整形医の手を借りて、豊胸手術のために料理油を注射された。写真に写っていたのは恐ろしく変形された若い女性で、彼女は両乳房切除手術を受けることになった。

どうやら、この部屋では奇妙なことが起きてきたらしいが、さほど驚くことではない。私の想像では、この部屋と卑金属を金に変える中世の錬金術師の部屋に大した違いはないからだ。ある時期、胸に傷のある若い女性が、毎日診察を受けに来ては外科医に抱いてほしいと頼んでいたことがある。のちに外科医は、女性がナルコのガールフレンドだったと知ることになる。夫の顔の手術をしてほしいと言った女性もいたのだが、その夫は同日の朝にすでに死んでいた。外科医はなぜ私にこんな話をしているのだろう。彼の顔は、恥ずかしそうになったり、懐疑的になったりした。

バロックにおけるアレゴリーの位置について論じながら、ベンヤミンは断片の重要性を指摘する。すなわち「まさにバロックの時代に知られていたような、魔術師の部屋や錬金術師の実験室の、断片的なもの、無秩序なもの、積み重ねられたもの(2)」における断片である。このことは、ベンヤミンの主張によると、自然を詩的なものとして見ることと同様である。だとしたら、身体の錬金術師であるこの宇宙整形医のうす暗い机の上に並べられた人工的な乳房よりも詩的で「断片」という主題に相応しいものはあるだろうか？

さらに奇妙なことがある。「もっともコロンビア人らしいアーティスト」と自称するフェルナンド・ボテロは、ペレイラと同じ地域にあるメデジン出身で、何十年も取りつかれたように太った人の絵ばかりを描いていた。白人のおでぶさんばかりで、例外として太った馬の絵も何枚かあった。これは、一九九〇年代に突如として現れる痩身カルトを先読みした反逆だったのだろうか。この貧しい国でさえ、肥満と脂肪吸引の流行がほぼ同時に発生すると予知していたのだろうか。ボテロは丸く太ったもののアーティストだ。彼はグロテスクなものを受け入れる。太ったものを魅力的にし、大事にされている伝統的表現のほろ苦いパロディーにする。マンハッタンの行きつけの歯科医院の壁に彼の作品の複製が飾られているのを見たことはあるが（「素晴らしき第三世界のアート」）、コロンビアで訪れる宇宙整形外科の壁にかかっていることはない。私自身、彼の描くまばたきをしないビーズのような目と豚のような顔をした太った人びとを見ると、古い時代の中央コロンビアを舞台とした寓話に登場するような、豊かな農民が頭に浮かぶ。豚とコーヒーで富を蓄積し、自らの胴の太さと十人も二十人も子どもがいる大家族を誇る人びとだ。彼らは、ソビエトの映像作家セルゲイ・エイゼンシュテインが一九二九年の映画『全線』で柔らかな嫌悪をもって描写した富農《クラーク》である。飢えているその他の農民たちと対比される、太った毛深い胸によだれを垂らす二重顎、あるいは宝石のついたネックレスで飾られた豊満な胸。彼らは、アフリカにおけるとてつもなく大きな王であり、石油で巨万の富を築いたでっぷりと肥え太った独裁者の大統領だ。太っていることは権力と名声を意味する。少なくともコロンビアにおいて、太っちょの偉大なアートと宇宙整形の偉大なアートが隣り合って生じていることは、なんともお似合いではないか。

歴史は徐々に進化するのではなく、まばたきをする間に生じる大きな移行によって進んでいくのだという人もいる。ペレイラで私が遭遇した宇宙整形の誕生の歴史は、まさにこの通りだった。これを私は、この国と、女性の美形化という観念の両方の小宇宙と捉えている。ペレイラでは見事な宇宙整形を受けることができ、それと相まって華麗な娼婦もたくさんいることは、人びとの語り草になっている。娼婦で名をはせていることについて、どのように説明すればいいのだろう。私のガイドによると、その評判は十九世紀半ばに知られるようになった。この町はラバが引く荷車にとっての特権的な、いわば「トラック・ストップ」〔長距離トラックの停留場〕だった。南北、東西に伸びる道が交差する場所だった。セックスと商業。何も今に始まったことではない。ウォール街の銀行家にとっても、ミシガン州のカラマズーで車を止める白髪交じりのトラック運転手にとっても同じことだ。しかしこの種の事実は、この国や他の国における経済開発研究において、ほとんど重要性を認められていない。

ペレイラがこれほど宇宙整形を引き寄せているのはなぜなのか、私が尋ねた際に何度も聞かされた話は、地震にまつわるものだった。誰もが同意した。一九九九年に起きた地震の恐ろしいトラウマが、この思いがけない大儲けを導いたのだと。地震後、スペインから莫大な援助がもたらされ、そこにはビザの提供も含まれていた。ペレイラの名高い娼婦はこの申し出に飛びついた。スペインでの労働条件が格上だとわかった彼女たちは、ほどなく稼いだユーロを使って帰国し、魅力を保つために格安で高品質な宇宙整形を活用した。

まさに歴史は、地殻変動的な移行にそって進むというわけだ——地震であれ、爆発する乳房であれ。しかし、そのイメージを洗練させなければならない。この意味で、窮状や災害についての物語が求められているように思う。おとぎ話では、災害をばねにして人間の胸に永遠に湧き出る希望のメッセージが叩き出されるのだが、それとは違う物語も必要なのだろう。

仮想大学

解放者シモン・ボリバルの髪の房を保存するアーカイブの奥で、アメリカ大陸最古（ということになっている）の地元大学で教える古い友人に出くわした。彼もまた今や老いており、ここにあまりにも長くいすぎて、幾度となく失望し、冷たいパロディーの慰めで自らの不満をいたわっていた。なぜだ！　ひどいしかめっ面を隠すために大げさな身振りをつけて、彼は言う。仮想の大学だよ！

ウェブページの他には何もないと言うのだ。壮大なウェブページには、学長やますます数を増やす副学長たちの最近の中国出張の写真が掲載されている。「壮大《マグニフィコ》」という言葉が友人の唇からゆっくりと転がりでて、いっぱいに広げられた手に落ちていく。金ぴかで安物の宝石が悪臭を放つ空気の中でがらくたになる。日当も壮大だ、と彼はつけ加える。わき道からちょっと入ったところにある暗いレストランで、身を寄せ合う共謀者のように現実をフォークで突き刺しながら、われわれは快活にランチをとっていた。教授たちはもはや教育をしていない。研究教授になったんだ——彼はぐるりと目をむく。連中はＮＧＯに取り入って給料を水増ししている。ＮＧＯっていうのはコロンビアみたいな国では良いことをするために忙しく働いてるんだ、想像に難くないようにね。わずかに残された教育は給料が低くやる気のない非常勤でまかなわれている。仕上げに、学生は授業に出席せずとも卒業できる。仮想大学では誰もがハッピーだ。

何をしているのかと彼に聞かれて、美と宇宙整形の歴史について調査していると答える。「アーカイブにいた女の人を見た？」、ティーンエージャーのようにくすくす笑いながら、彼の同伴者が尋ねる。まるで、まったくたいした秘密ではない秘密を明かしているかのようだ。たしかに、革張りの書物が壁を上から下まで埋め尽くしているアーカイブの薄暗がりのなかにいた一人の女性の姿は、外科的介入について雄弁に語っていた。そのうえ化粧が濃くて誘うような態度だった。すべてを見わたす《パノプティック》位置に陣取った彼女のふるまいの引力にもかかわらず、学者たちは黄色みがかった紙のうえに屈みこんでいた。

ミシェル・フーコーの尽力によって今ではよく知られているように、ジェレミー・ベンサムが十八世紀末に概念化したパノプティコンは、中心から放射線状にスポークが広がる車輪のような構造で、中心にいる人が周縁にいる人たち全員を見ることができるようになっていた。周縁の人びとは、自分たちが見られているのかどうかわからないし、同じ状況に置かれた仲間を見ることもできない。その最たるものは、いわゆる模範監獄や大英博物館の古い図書室だ——そこではカール・マルクスが、そして私のような凡人もまた、監視をつづける啓蒙の精神のみに付添われ、独房に監禁されているかのように骨折り仕事をした。これは力強いイメージで、十八世紀よりも今さらに重要性を増している。われわれは真に監視国家と「愛国者法」〔二〇〇一年のアメリカ合衆国同時多発テロ後に成立したテロ対策法〕の時代にいるのだから。

しかし、シモン・ボリバルの髪の房を保管しているアーカイブでは、パノプティコン的な関係は反転しているようだ。中心にいて、見られることなく見ているはずの人が、むしろ彼女自身を展示しているのだから。彼女は見られるために――そして見られないために――そこにいるのであり、これはまさに王の二つの身体における権力の作動を示している。一方は可視化され、他方は隠されている。ちょうど、ジョージ・W・ブッシュと、「安全な非公開の場所」に隠れ笑顔を装って歯をむき出している側近ディック・チェイニーのように。

コカインを精製する町の中でも悪名高いプトゥマヨ県のラ・オルミーガの通りを、コロンビア軍の兵士たちがパトロールしていたことを思い出す。二〇〇六年の一幕は、明らかに非現実的だった。通りの誰もが――安いなんてもんじゃないカフェのテーブルに座っている人びと、動く歩行者の大群、モーターバイク乗り、雑貨を売りながら半裸の女性が踊るDVDを見せている露天商――みな兵士に注目しているようだったが、同時に兵士に気づいていないふりをしているようでもあった。実際、兵士の目を見たり、彼らの存在を自覚していることを示すのは危険だっただろう。彼らはそこにいて、彼らはそこにいない。しかし、一匹の小さな犬がその場を救ってくれた。犬はしっぽを振りながら、親友である兵士たちについて歩いた。ジャングルの町で育てられたこの小さな犬は、立ち止まって後ろ足をあげると電灯におしっこをした。今、見ると同時に見ないために、見られると同時に見られないために必要なことを考えるとき、幸せそうに小走りしていたこの小さな犬のことを思い出す。この動物が、この動物のみが、洗練されていると同時に直感的なしかたで、この複雑な視覚的操作を体現することができるかのようだった。

　この動物とともに、別の身体も想起される。矛盾した合図を発しながら街路をそぞろ歩く身体である。この複雑さを表現するには、十九世紀半ばに遊歩者《フラヌール》を意識のある万華鏡と描写したシャルル・ボードレールの機知と洞察が必要だろう。遊歩者が人混みに入っていく――まるでそこが巨大な電力貯蔵庫かのように、とボードレールは書いた。遊歩者の目――ワシのような鋭い観察眼――を捉えたのは、なによりも流行、つまり服装やふるまいの変化であった。しかし、急いで探究を進めるこの孤独な男（私自身そして人類学的フィールドワークを思い出させる）は、さらに気高い目的にとりつかれている。「彼のめざすところは、流行〔ファッション〕が歴史的なものの裡に含み得る詩的なものを、流行の中から取り出すこと」なのだ[1]。

　したがって、ここで私が問いたいのは、**展示**、カリの空港やアーカイブで見たような展示のどの部分が、ボードレールのいう流行が明るみに出した「歴史的なものの裡に含み得る詩的なもの」の一部を占めているのだろうかという問題である。より明確にいうと、この**暗点**――女性の身体の開示と隠蔽の技法、見ているけれども見ていることを見られず、同時に見ていながらもその見ているものを見ていないという技法——は何を演じているのか。

ここにおいて、ボードレールの遊歩者はわれわれの役に立たなくなる。このような不可視の王子はこれまで存在したことがないし、存在するのは不可能であろう。彼はどこまでも哲学的なうぬぼれの産物であり、見られることなく見るという子ども時代のファンタジーであり、近代都市の群衆の匿名性によって強化されたファンタジーである。しかし、少なくともボードレールの遊歩者は自ら楽しんでおり、無数の喜びを眺めるように群衆を楽しんでいる。たとえば、フリードリヒ・エンゲルスが一八四五年に二十五歳の若さで出版した『イギリスにおける労働者階級の状態』で描いた悲観的な見通しとは異なる。エンゲルスは、混雑した通りは人間の本性にとって受け入れがたく嫌悪すべきものと考えた。自己の利益に没頭して互いに急いですれ違う人びとは、食うか食われるかの資本主義的な競争の世界を具現化しているのである(2)。

「地獄はロンドンにとてもよく似た町」。詩人のシェリーはエンゲルスと同時代にこう書いているが、この地獄ではもはや互いに急いですれ違う心のないアリの話は関係ない。まったく違う。突然女性たちが姿を現し、この女性たちの役割は、シェリーの解釈では、群衆のなかにある重要なものをわれわれに見せることなのである。

ご婦人方にもたれかかり、いちゃつき、うっとりと見つめ、
微笑みかけることを職とする人物たちもいる。

そのため、女性の中の神聖なるものはすべて、
残酷に、見栄っぱりに、如才なく、非人間的になり、
微笑みと啜り泣きのあいだで十字架にかけられてしまう。(3)

この騒動に性を巻き込むことは、「巨大な電力貯蔵庫」としてのボードレールの群衆にかかわり合うということである。そうだとしても、ボードレールの素描は事態の半分を占める観察者にまつわる部分でしかない。見ることは話の半分にすぎないからだ。別の半分は、見られていることに自覚的な人の顔に浮かんだ表情と身体の動きである。

本当のところ、遊歩者が見つめている人たちは、見られているということに気づいているばかりか、極めて自覚的である。これはゲームだ。観察されている者が観察されていることに自覚的なだけでなく、女性のファッションにおける開示と隠蔽の配分が変化したのと同時に、観察されているという自覚が受動的な展示から能動的な展示の領域へと移行したのだ。能動的な展示は、寓話的な遊歩者のように自分は見られることなく見ているのだという観察者のうぬぼれを利用している。

暗点とはよく言った！　友人は笑った。なんて**興味深い**言葉だ。でも、美の歴史を書こうという君の望みをどう位置づけられるのかな？　美を知るための基礎としての、見ないことが見ることである足場のうえに、どんな歴史が築かれるというんだ？　彼は少し黙り、どこかばかにしたような口調で尋ねた。それが君の意識のある万華鏡なのか？

友人は私の考えを読み取って暗点をもてあそぼうとしているかのようだった。見られていながら見られていない人は、見られていないようなふりをして**無表情**を貼りつけているのだ、と彼は痛々しいほどの熟考ののちに言った。考えてもみろよ！　自分のイメージに夢中になって彼は叫んだ。オランダのチューリップみたいにコロンビア中に出現したあの誇張された乳房と同じで、今や無表情は大流行りだ！　身体の一部が突出し、別の部分である顔は無反応の仮面のなかに引きこもる。見られている人が無表情を身につけるだけでなく、見ている人も同じようにする。彼女の顔は、私を見ていないあなたを見ていませんよ、と言っている。大人が子どもと遊ぶ「いないいないばあ」を思い出すよ、と彼は言う。最後に見せるためだけに手で顔を隠している。ちょうど仮想大学みたいに。

そろそろ時間が迫っている。私は町から出るバスに乗るためにターミナルに急ぐ。このあたりを夜に移動するのは危険だ。人びとがチケット売り場の周りにひしめいている。整理係《アジュダンテ》が叫び、どのバスが先に出るのかについて相反する見込みを立てながら、混乱した旅行者をあっちこっちに引き寄せる。この巨大な電力貯蔵庫で、若い女性が私のバスのドアの側に立って、今にも乗り込もうとしている。でも、じっと動かない。誰かを待っているようだ。彼女のまなざしはうつろだ。顔は無表情だ。胸元を深くあけてブラウスを着て片方の乳輪を見せているのだが、群衆の、暗点化した現実のただなかで、彼女は見えていることを見ていない。ぎりぎりになって彼女はバスに乗った。一人で。誰かを待っていたのだろうか？　あるいは、ただ待っていたのだろうか？

美の歴史

孤独な人は、純然たる遊歩者よりは一段と高い目的を〔……〕もっているのだ。〔……〕彼のめざすところは、流行〔ファッション〕が歴史的なものの裡に含み得る詩的なものを、流行の中から取り出すこと〔……〕なのだ。

――ボードレール「現代生活の画家」[1]

「デスタペ（destape）」という言葉は、上の世代が今日の服装の（あるいは服を着ないことの）爆発を示すために使われる。「裸じゃないか《エル・デスタペ》！」と吐き捨てながら、ぐるりと目を回し、「うちの娘に何をしてあげればいいんだ」とでもいうように両手をあげる。

なんならもはや「蕩尽！」と叫んだほうがいいのではないか。もう一度ぐるりと目を回して、「蕩尽じゃないか《エル・デペンセ》！」。

デスタペには「覆いを取る」という意味がある。一九七五年、フランコの独裁体制の終わりにスペインの検閲が突然緩和され、ベルリンの壁のように強大な障壁が崩れ、それに続いてスペインの映画や雑誌で女性の裸が展示されるようになったことが「自由化《エル・デスタペ》」と呼ばれた。そこには黙示録的な響きがある。世界は別の軌道に入ったのだから、「先へ進め」と告知している。スペインは陰から抜け出し、「デスタペ」が新しい生活様式を指し示す。ただし、それはスペインに限定されたことではなく、世界中に広がっていた。一九九〇年にコロンビアの私の町でそれが始まったときは、一夜のうちに過去の束縛を打ち砕く爆発のようだった。日常生活は性的なものとして分岐していく運命にあった。タイトすぎるジーンズと肌見せトップス、あからさまな「ラクダのつま先」〔性器の食い込みが見えるタイトなパンツ〕とへそ出し、ギャングの衝突、モーターバイクマジック、絶え間ない不安と絶え間ない殺人――きまぐれな今時の娘たちのおかげで現実化した隠喩の母として「エル・デスタペ」を捉えることは難しくない。

「蕩尽」と同様に、「デスタペ」もまた、あのポスト一九六八年を象徴する卓越した哲学者ジャン＝フランソワ・リオタールが「漂流」と呼び、「世界規模で、すべての文明における」若者に影響を与えているとしたものと親和性がある。(2) これは哲学であると同時に、時代が自らを定義する方法が、言葉というよりも態度において大きく変化したことを示していた。リオタールは、彼が「情動的な強度」と呼ぶものを抽出している。これは、エロス化（「本能的な力の分離」）と日常生活の美学への（強迫観念ではないとしても）魅了を伴った、仕事、交換、そして（他にいい表現がないので）「物事が調和する方法」とでもいえるものに対するまったく新しい態度を示唆していた。(3)「物事が調和する方法」というのは、リオタールがかつて次の文脈で「必然」と呼んだものだ。「必然性への信仰に対する攻撃が成功すれば、不可避的に、資本の原動力の破壊、すなわち交換の条件として等価が必然であるという見立ての破壊につながるだろう」。これは視点の変化に留まるものではない。われわれが視点というものをどのように考えるのかについての変化であり、控えめにいっても、現実の語り方や歴史の書き方を変えるものである。すべては別様に見えるようになり、別様に感じられるようにもなるからである。

この精神にのっとって、私はコロンビアの小さな町における美の歴史を提示してみたい。ボードレールが服飾の流行から「その時代の道徳と美学」を識別することができると述べたことも念頭に置いている。[4] 当然、十九世紀半ばのきらびやかなパリから二十世紀後半のコロンビア内陸の破綻したアグリビジネスの町への移行は相当な飛躍に思われるだろう。しかし「時代の道徳と美学」という観点からファッションを理解しようという願望と野心は同じだ。この試みは、「漂流」とともに、またベンヤミンによる「社会の中にあるすべての夢のエネルギー」が「ファッションというこの不可解な、霧の立ち込めた音なき領域」へ逃げ込んでしまったという提案とともに、拡張されうるものである。[5]

ベンヤミンはたしかにわれわれの理解への希望を示してくれる。しかし、彼はさらにファッションがシュルレアリスムの「永遠の代理」だと示唆している。これにより、ファッションは芸術と「驚異なるもの」の高みに投げ込まれる。われわれの誰もが望みさえすれば、おしゃれをして町に出るたびにできることだというのである。そして芸術と同様に、あるいは少なくともある種の芸

2009年のウェンディー・スーレイ・スニガ・エイミュ（コロンビア太平洋岸にあるティンビキ川源流で生まれ育ち，現在は内陸部のカリに住んでいる）。

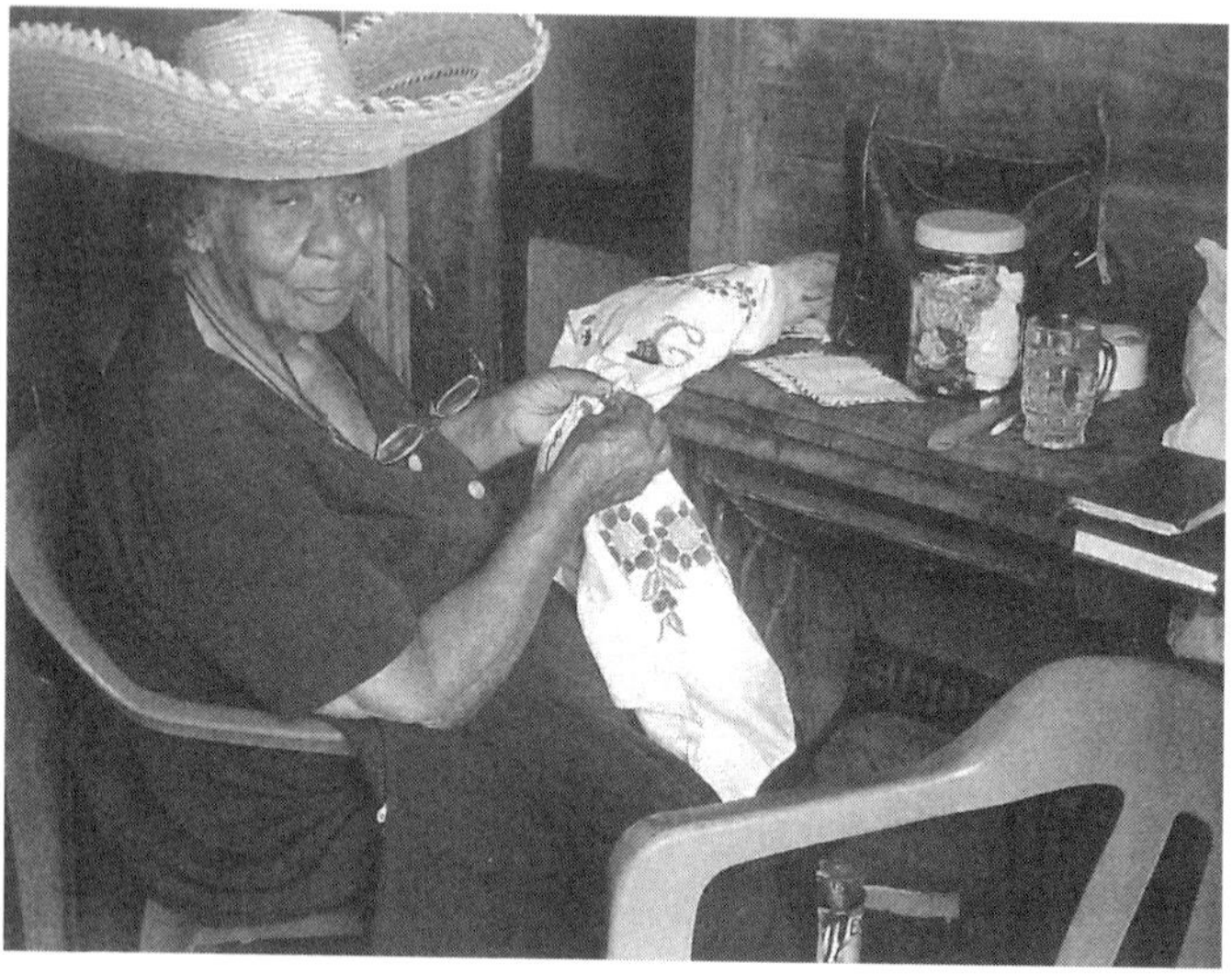

ティンビキ川の河口にあるサンタ・バーバラに生まれてこの方ずっと住んでいるマリーナ・グルエソ（2009年）。

術と同様に、ファッションは歴史の曲線の先を進んでいる。ベンヤミンはこう続ける。〔来るべきものを告げる〕予言的な旗印は秘密だが、「その信号を読む術を心得ている者ならば、芸術の最新の傾向ばかりでなく、新しい法典や、戦争や革命のことまで予め先取りして分かってしまうことだろう[6]」。

そうかもしれないが、この秘密と予言の渦中で、私はコロンビアの小さな町の歴史——美の歴史——にしがみつく必要を感じている。しかし、こう書くや否や、奇妙にも思えてくる。美の歴史とは、一体どういうものだろう。人間に限定されたものなのか、通りや建物や耕地や川などの周辺世界も含めたほうがいい——含めなければならない——ものなのだろうか。さらにもしそ

れが、つまり美の歴史という概念が、こうして〔人間の〕身体から世界の身体へと広がるものであり、これらの要素や他のものが相互に流れ込むような容量をもつとすれば、醜さは、そして醜さの道徳的な性質はどうなるのだろうか。たとえば腐った川やねじ曲がった大地を見るときに、美学から道徳を分離することなどできるのだろうか。

美の歴史とは、一体どういうものだろう。

一九七二年、私はサトウキビ畑で草刈りをしている女性たちの写真を撮った。畑の所有者であった金持ちの白人は、今ではカウカ渓谷を所有している。あの頃、トラクターや小型飛行機で有毒の除草剤が散布されるようになる前は、手で草を刈るために女性たちが労働契約で雇われていた。写真を見ると、女性たちは裸足で、暑さにもかかわらず全身が覆われているのがわかるだろう。彼女たちは、私には美しく異国風に感じられ、異国風

であることによって、この光景にとりついている。この光景自体が、写真そのものと同じように、歴史の後景に退かされている小農の歴史の切断面である。太い柄のついたシャベルを握る白い服の幽霊が喚起するのは、歴史からもかつて彼女たちのものだった土地からもはずされたぶざまな姿である。体は曲がり、ショベルは斜めで、古いドレスがもともと想定されていなかった仕事のためにたくし上げられている。彼女たちは、古い時代の小さな金のイヤリングをつけている。あまりに古くてもうほとんど目にすることもないが、時代の涙として写真に写っている。

美の歴史とは、一体どういうものだろう。

プランテーションでの草刈りは伝統的な農地での仕事よりも明らかに過酷だった。かつては、小さな子どもまで母親についてきて、いろいろな種類の木の下で座っておしゃべりができた。その木々は、標高三〇〇〇フィートにあって数メートルも積もった火山灰土壌に根ざしており、伝統的な農地という生態学的な奇跡、熱帯雨林の複製を作り上げていた。

私は**仕事着**という言葉をどれだけ考えなしに使っていることだろう。もし間違っていなければ、仕事着は北アメリカのような「進んだ」社会の贅沢品である。そこでは、がっしりした男性が分厚い手袋とティンバーランドの長靴を履いて働き、カウボーイは革ズボンと金属のスタッズ付きベルトと高価な帽子を身につけている。思い出してみれば、一九七〇年代に知り合いだった農民たちは「仕事着」を持っていなかった。日曜日に町に出るのと同じタイプの、ただ古くなった服を着て仕事をしていた。

仕事は美のアンチテーゼのように思われる。余暇と労働を切り分ける世界においては、反射的に対立していると思うだろう。しかし、四十年さかのぼってみると、写真のなかには、単調な重労働とともに興味深く力強い美が映っている。美女と野獣は切り離せない。D・H・ロレンスが記述するあの別世界を思い起こしてみよう。十九世紀初頭、英国ノッティンガムのダービーシャー丘陵における坑夫とその家族の世界だ。採掘坑が深くのび炭鉱町が成長するにつれ、言うに堪えないほどの醜さが土地に広がった。「十九世紀に人間の精神を裏切ったのは」、ロレンス曰く、「醜さだった」。「富裕層と産業の興行主がヴィクトリア時代全盛期に犯した重大な罪は、労働者に醜さ、醜さにつぐ醜さを強いたことである。粗悪さと醜い希望、醜い愛、醜い服……人の魂にはパンよりも本物の美が必要なのだ」。

それがロレンス、坑夫の息子だった。

彼の描く状景は奇妙だ。私の頭を離れない。坑夫は生活のほとんどを地下でモグラのように周りをひっかき回して過ごす。薄暗がりの中で、半裸で、互いを結びつけながら、掘っては持ち上げる。彼らは本能と直感によって生き、女たちとは違って、所有欲からではなく美そのもののために美を愛する。彼らは花を栽培し、自ら荒々しい手でピアノから引き出す震える音色に魅了される。一方で口うるさい妻たちにとって、家にピアノがあることは単にステータスを示すものにすぎない。ところが、彼らの家や町はますますひどくなっている。ロレンスは建物や都市計画について記述しているが、最初から衣服――仕事着――とその制作に私たちの目を向けさせ、息をのませるようにし

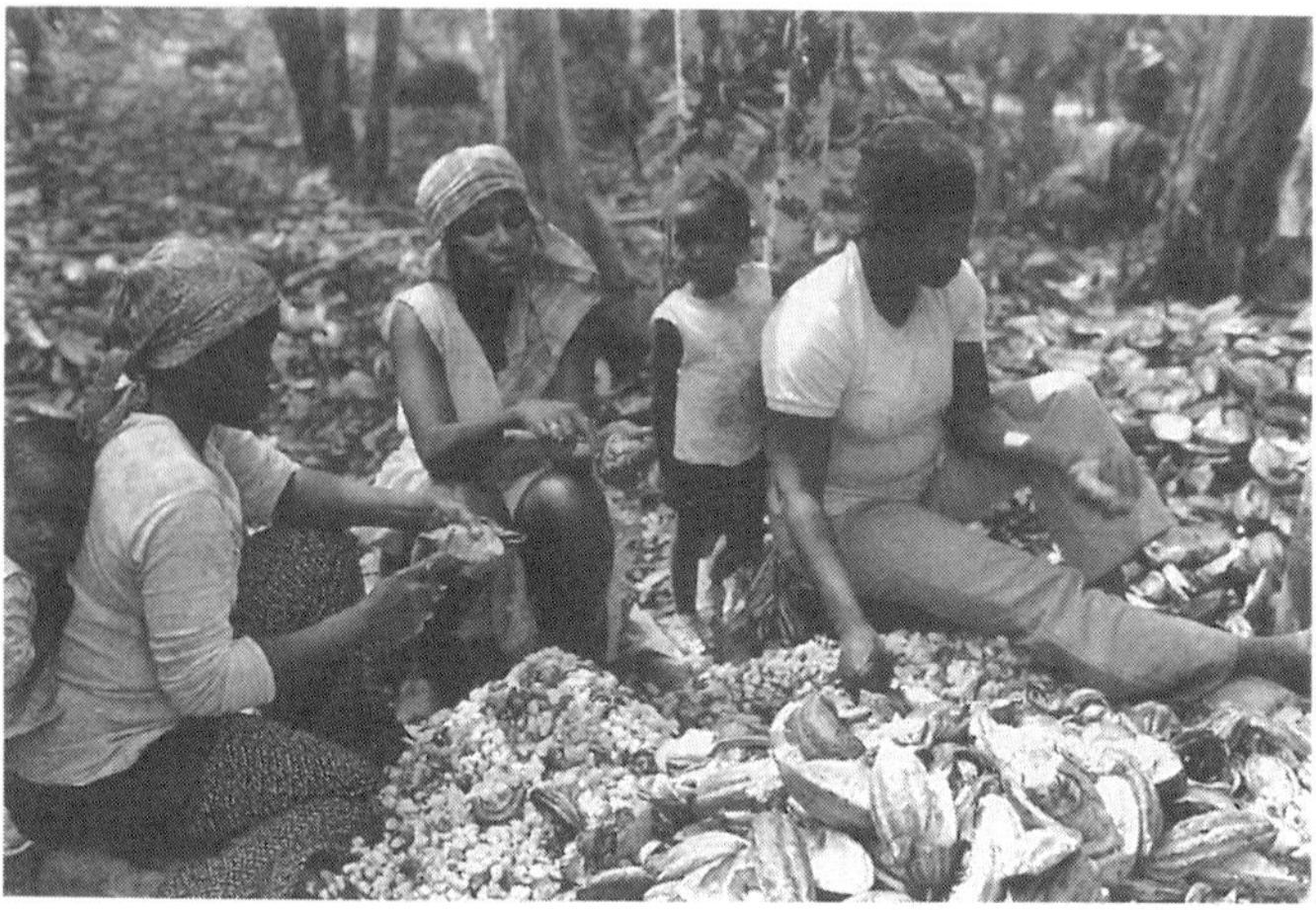

かけている。

回想録は、ロレンスの祖父が十九世紀に町に来た当初のダービーシャーの風景の抒情的な記述から始まる。祖父の仕事は、B.W. & Co 炭鉱会社で働く労働者のための服を作ることだった。「分厚いフランネルのベストあるいはタンクトップ、上部にフランネルの裏地がついたモールスキンパンツ。坑夫はみなこの格好で働いていたことを覚えている」。彼は続ける。「少年だったころの祖父の店の隅には、粗悪なフランネルや炭鉱用の布の巨大な巻物が積み上げられており、大きくて奇妙で古い、この世のものとは思えないようなミシンが、大量の坑夫用ズボンを縫っていた[7]」。

これがロレンス、坑夫の息子だ。彼の記述全般から得られる感覚は、二十世紀初頭の生産が容赦なく労働者階級を追い詰めているというものである。同じ世紀の終わりの私の町にとても似ていて、まった

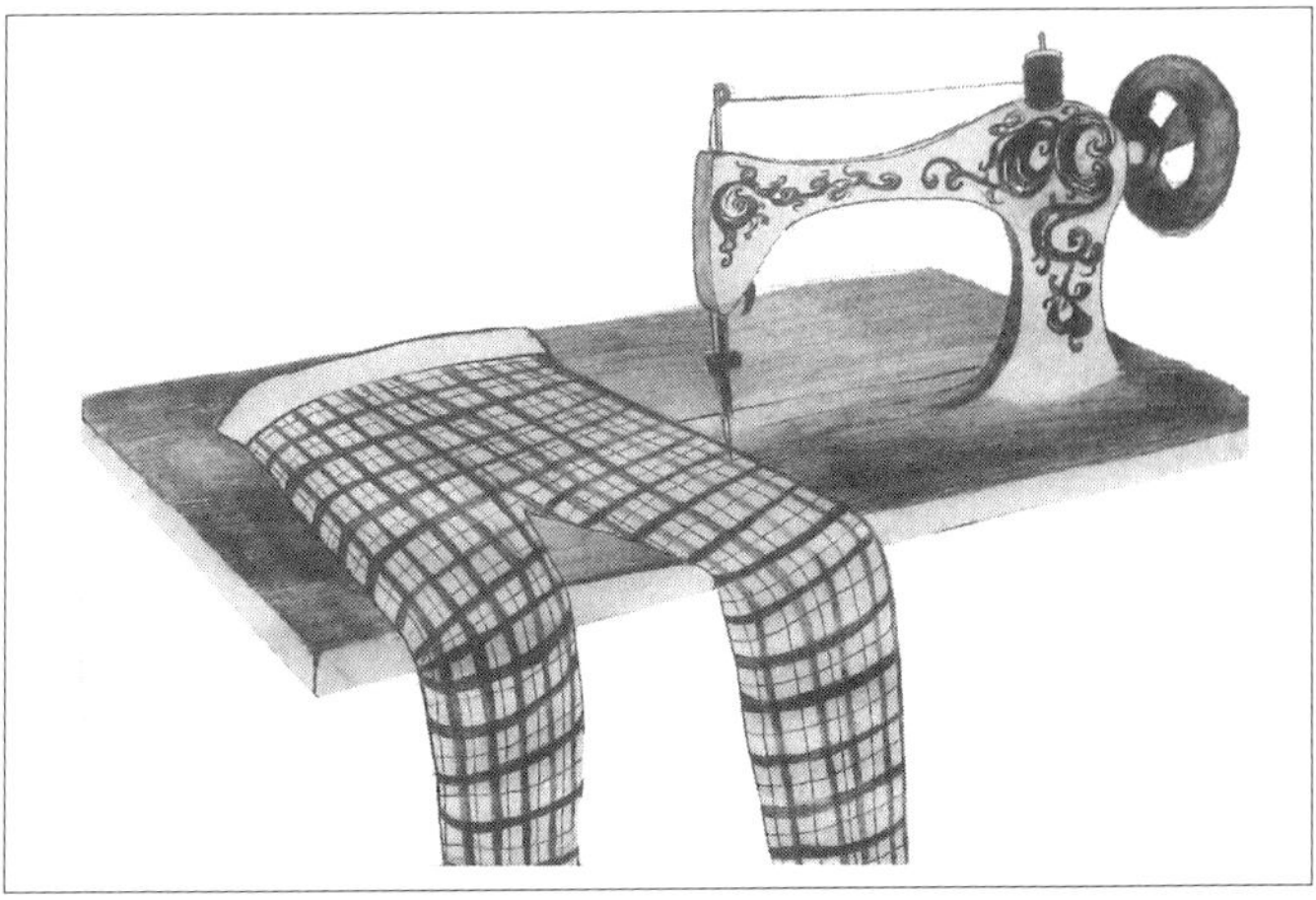

オリヴィア・タウシグ＝ムーア（Olivia Taussig-Moore）のドローイング。

く似ていない。ここでは、機械と化学薬品が生産を引きつぎ、生産は消費に道をゆずっている。服装の美と音楽やダンスを含めたスタイルの美がますます大きな声をもつ一方で、他のものすべてがますます醜くなっている。宇宙整形について聞くぞっとする話のように、ここでは美が殺人や身体切除と隣り合わせにあり、この醜さによって状況はさらに悪化している。ロレンスの坑夫も同様に、光のない動物であるモグラのように地下に追いやられているようだ。ますます本能的、ますます直感的になり、怒りっぽい妻に対してますます腹を立てながら。

だから、私が描いてきた美の歴史で次にみる「弁証法」あるいは「夢のイメージ」はかなりシュルレアルだ。つまり、これらの「モグラ」と「大量の坑夫用ズボンを縫っていた」「大きくて奇妙で古い、この世のものとは思えないようなミシン」である。必然的に私は、ロレンスが記述した、地下で男たちを働かせる巻き上げ機のような機械のことを、そして彼らのために「前史の」仕事着を作ったミシンのことを考えている。また私は、コロンビアのサトウキビ・プランテーションの町で最近まで女たちがみなミシンを持っていて、家族や隣人のためにきれいな服や家庭用品を作っていたことを、そしてますます加速した消費がミシンを時代遅れにしたことを考えている。今や誰もが既製服を買うようになった。中国製だ。

次ページの写真にミシンと映っている友人のオリヴィア・モスタシージャは、この理由のために少なくとも十年前に服作りを断念した。それ以来、彼女は何年間も、この黒人の町で、通りを歩いて玄関ドアをノックしたり友達にうるさく言ったりして、メデジンのファッションブランドが出している、胸の大きな金髪の白人を載せたおしゃれなカタログから服を売っている。

二〇一一年、ベルリンやロンドンの高級地区にあるおしゃれな服屋のチェーン店の広大なショーウインドウに、上から下まで古いミシンが飾られているのを見た。野生生物のイメージが頭に浮かんだ。走り回る牛の群れ、疾走する馬、冬場に南へ飛ぶ雁。エリアス・カネッティが『群衆と権力』で、群衆の群衆性がもつ静まり返った感覚を伝えるために用いた火とトウモロコシ畑と砂のイメージのような、この似たもの同士の濃密なかたまり。最初、私はアンティークショップか何かだろうと思い、思い切って中に入りミシンは売り物かと聞いてみたが、軽くあしらわれた。いえ、売り物ではありません。そこで私は自ら、それらを展示のためのオブジェなのだと理解することにした。歴史的なジョークだといえるだろう。店の中では針に糸を通したこともないだろう今どきのヒ

ップスターが高級なグレーや黒の服を熱狂的に探し求めているのだ。

売り物ではない。

なんて興味深いのだろう。とても長い間、一世紀以上よく働いた機械が、世界中で売り買いされた商品そのものであり、他の商品も生産していた機械が、売り物ではない。いまや商品ではない。「アート」になったのだ。ここでは、服を作るためではなく服を売るための装飾品を提供するために、アートが商業と交尾している。ファッションを再生産していたものは、ファッションによって滅ぼされたことで、一時的にファッションとなった。絶滅の危機にある動かぬ機械は、野生動物の群れのように、動物園ではなく商店のウインドウに展示されることで、有機的な力として生き返らされた。

私はまたもや異国風のもの、前史を呼び起こす**弁証法的なイメージ**に立ち戻らされた。ここでの「前史」は、ロレンスが喚起する、トロッコに入れられ暗闇のなか半裸で働くために地球の深部に降りていく坑夫のことだ。ロレンスが何度も繰り返すように、本能と直感の男たち。そして彼曰く、美のために尽くした男たち。

ベンヤミンの直感では、失われたものについての感情と追憶という奇妙な水路を通して、現在の危険は過去の何らかのイメージを取り入れる。遠い昔のイメージでさえ、過去と現在のモンタージュを作り出すために、現在の危険と共鳴しうる。ここで重要なのは、地中に下ろされたり引き上げられたりする巻き上げ機のような、歴史と自然の相互作用である。同様に、サトウキビ畑で草を刈っている裸足の女性たちの古い写真もまた、歴史の外部で歴史を可能にする静物である。ここには実践、労働の実践、すなわち身体と精神の相互作用と仕事の対象としての物質がある。ロレンスのほとんど裸の坑夫がモグラのように自然の生息地である地中にトンネルを掘り、光に瞬きしながら地上に出てきて、ピアノの鍵盤を撫できれいな花を栽培するように、身体と大地は融合する。しかしそこには恐れと憎しみもある。ロレンスの最後の出版物となった『黙示録論』に目を向けると、彼は自らの少年時代から、世界の終わりと待望された金持ちの破滅を引き合いに出し熱弁をふるう原始メソジスト教会の牧師たちを回想している。「教会のなかではガス燈がしゅっしゅっと燃え燦めき、坑夫たちののぶとい声がどよめいている北中部地方の怪しく晦い夜である」(8)。これは別の形をもつ政治的で宇宙論的な実践である。権力者のために労働者たちが地下に潜れば潜るほど、天の怒りはますます確実なものとなる。この宇宙的な戦場における天国と地獄の実践に、きらめく暑さ

で空気がゆらぐサトウキビ畑にいる女性たちも位置づけてみたい。彼女たちはモグラのように裸で地下にいるのではなく、ずいぶん前に着古されたぼろ布の層で飾られた、活気ある時間の吹き流しである。

私が弁証法的なイメージをさらに押し進め、(ファッションの「秘密」をふまえて)先を読むために後ろ向きに読みたいと思う理由はここにある。一例として、二〇〇九年にコロンビアの私の町で取った写真が挙げられる。なぜこの夢のようなイメージをことさらに取り上げるのだろうか。なぜなら、ベンヤミンのいうファッションの「信号」としての謎めいた性質を有しているからであり、私にとってはリオタールが「情動的な強度」を強調する「漂流」の好例だからである。

「私はどこから来たの?」、少女は尋ねている。「私はどこへ行くの?」。彼女の顔は注意を引きつける。髪をやさしく引っぱっているが、それは彼女の髪ではまったくなく、**エクステンション**——本物の髪に編み込まれた偽物の髪だ。少女はまるで、それを見せびらかすことで存在を確認しているようだ。まるで展示の外部にはもはやほとんど何も存在しないと言っているように——あるいは、展示を展示しているイメージの外部には。髪は長く、ほとんど彼女の身体の半分くらいの長さで、編み込まれた繊維でできたクモの巣状の格子構造が、右側に金色が混ざった薄くて白いドレスに映えている。

「私はどこから来たの？　私はどこへ行くの？」。

ファッションは過去と未来のあいだに存在し、変化をつづける集合的な夢のエネルギーの力場である。だからこそ、ファッションに歴史はなく継続的な消去があるのであり、これをベンヤミンは商品の死の儀礼とした。しかし、サトウキビ畑の女性たちやショーウインドウのミシンにおいてすでに見てきたように、そうした死は、転置された別の形の生の前触れにすぎない。

ファッションが——このあいまいな「信号」が——、新しい法体系、戦争、そして革命について警告すると主張するのも大変に結構だろう。しかし、もし——もし？——戦争や革命は永遠のものので、永続的な包囲攻撃のなかで、永続的な「漂流」状態において人生を生きているのだとしたら、どうなるのだろう。だとしたら、どうする？　戦争と革命の**前**ではなくその**ただなか**のファッションについてはどうなるのだろう（戦争や革命もファッションの影響下にあるのではないか）。ファッションを社会や文化や道徳の情勢に関連づけるのも一つだろう。しかし、日常生活の美学が日常生活を圧倒しているとき、ファッションのためのファッションについて熟考することは全く別問題である。

この「漂流」状態のなかで、「デスタペ」に情熱を燃やし、速度の速いモーターバイクにまたがって銃を構える男らしい勇敢さに熱狂しながら、われわれはどのようなシュルレアリスムについて考えればいいのだろう。ベンヤミンは「ファッションはシュルレアリスムの先駆者、いやその永遠の代理人なのである」[9]という。むしろブルトンか、あるいはブルトンが追放したスカトロジストであり、余剰のバタイユについて話すべきだろうか。われわれが蕩尽と呼ぶ放埒で刺激的な生き方であり、考え方であると同時にふるまいであり、「その思想の目ざす究極が、その思想自体の通過していく軌道を固定しておくボルトそのものを抜いてしまうような思想の絶頂をなすもの」なのだろうか[10]。

これほど幅の広い思想家なのに、ベンヤミンが、予言としてのファッションという彼の思考において、ファッションにニーチェ的な要素を予測しなかったことは奇妙である。すなわち、若者のファッションにおける、そしてファッションとしての若者における、軌道を固定しておくボルトを抜いてしまうような究極の脱線のことである。「若者たちはどこ？ 驚きの要素はどこ？」、二〇一〇年春のパリ・コレクションで、型にはまったジバンシーのショーを見ながらファッション雑誌『エル』の編集者が尋ねる[11]。なるほど、若者たちはこのファッションショーにはいなかったかもしれないが、明らかに世界史のファッションショーには、膨大な驚きの要素とともに足を踏み入れている。

このようにエロスとディオニュソスが爆発し、かつて大文字の〈理性〉と〈革命〉の神々にさし向けられていた〈世界精神〉へ影響を及ぼしていることを知れば、ヘーゲルとマルクスはあぜんとするだろう。

「シャツを着ていない方、靴を履いていない方はお断り」。裸足の何が人をそこまでいら立たせ、靴をあらゆるフェティッシュの父祖にするのだろうか。説明は豊富にあるが、この感情的な混乱を解き明かすには不十分である。ただしバタイユは、足の親指の冒険についての見事な論考でかなりの接近をみせている。バタイユによると、ヘーゲル、マルクス、ニーチェはみな、あの戦う付属肢に位置づけられる。それは次のように機能する。人間の身体は自らをアレゴリーに（ひいては宇宙整形に）差しだす。とくに、頭を上位とし、われわれの皇帝とみなすようなアレゴリーだ。一方で足は、遠く離れた辺境の植民地にある拠点で、愚かで低劣でありながら、皇帝を含めた残りの身体すべてがそこに依存していることは認めざるをえない。この「認めざるをえない」というのが問題である。バタイユにとってこれは、この相互依存的な存在物——強力な頭、卑しい足——の調停不可能性を示しており、宿命的にわれわれをあの安全で優雅な弁証法的糸車から切り離し、涙だけでなく笑いもが暴れまわる大渦に放り込むものである。

一九七〇年にロンドンとボゴタから直接、プエルト・テハダの農民の裸足の世界に足を踏み入れると同時に、正しく服を着ているかどうかが非常に重要であるという事実に直面した私は、(上の理由ゆえに) ものすごく衝撃を受けた (そして二十年後に、正しいとされていた規則が裏返しになるのを見たのである)。竹と泥でできた小屋のなかで、裸足で松葉づえにもたれて調理用の火をつついているマリア・クルス・サッペが、五歳の孫の靴がないからという理由で、彼を病院に行かせなかったことを思い出す。

謎めいたドイツとメキシコの作家、B・トレイヴンに『ジャングルの橋』という作品がある。一九二〇年代にテキサス州で働く出稼ぎ季節労働者《ブラセロ》が、小さい弟のために贈り物を持ってメキシコ南部チアパス州にある村に帰る。「本物のアメリカの靴一足。靴底は磨かれ、ガラスのように滑らかだった。もちろん小さなカルロスは、新しい靴を履いて、どれだけ気に入ったかを贈り手に見せなければならなかった。足に靴を履いたのは、人生ではじめてのことだった」(1)。その夜、フィエスタの最中に暗がりのなかで石油会社の橋の上で遊んでいて、カルロスは川に落ちて死んでしまう。いつもは裸足で歩いていて、靴に慣れていなかったから転落したのだ。人びとはフィエスタを休止し川をさらったが、遺体の上で浮き沈みするろうそくを使った魔術に訴えるまでは、遺体を見つけることはできなかった。遺体を見つけ、フィエスタは再開され、のちに少年は埋葬される。墓場までの道のりでブラスバンドが「イエス・ウィー・ハブ・ノー・バナナ」を演奏した。ろうそくの使用（とその成功）と、それまで裸足だった少年への靴の贈り物のどちらがより魔術的だろうか。

トレイヴンの物語は、現代文化の形成における靴の役割を予測している。では、なぜ少年は死なねばならなかったのか。

一九七〇年代に、コロンビア西部の私が過ごしていた町の周りで、裕福な地主のもとで働いていた女性たちは、裸足で働いていた。トウモロコシの新しい苗木すべてに、一本一本、恐ろしい化学薬品を手で付けていた。信じられない光景だ。裸足で。素手で。そのうえ燃えるような暑さを想像してみてほしい。背景の木々が映っているところでは、残存している小農の畑を見ることができる。歴史がはじまる前の時代についての考古学的な痕跡。後ろにいる二人の男性が裸足の女性たちを働かせている。一人の女性がまっすぐに立っている。おそらく腰を伸ばすためだろう。彼女の姿勢は毅然としているが、一瞬ぼん

やりしているようにも見える。遠くの何かを見ようとして、時間からずれている。右手は化学薬品のボトルを握りしめ、足は土を踏みしめている。

当時、サトウキビ・プランテーションで草刈りをしていた女性たちも裸足だったし、自分たちの土地で育ったカカオの殻を畑でむいていた小農の女性たちもそうだった。

しかし、今日の青年たちは違う。とんでもない。さようなら、裸足。こんにちは、ナイキ、こんにちは、リーボック。

一九七〇年代にゴム長靴が登場したときは、革命まであと一歩というところだった。ゴム長靴はクロイドンと呼ばれていた。コロンビアのゲリラFARCは、コロンビア中央部のウイラ県、カウカ県、トリマ県といった地域の農民層を圧倒的に引きつけていたのだが、すぐにゴム

長靴を確保し、それが農民部隊の象徴となった。その一方で、アメリカ合衆国の財政支援を受けていた国軍は、黒い皮の長靴を自慢していた。こうして、靴が戦争の技術に参入したのであった。

その後、仕事と戦争の裏面が現れた。汗まみれのゴム長靴ではなく、スニーカーだ。神に与えられたスニーカーがこの世に存在する理由は、贅沢と**蕩尽**である——しかもなんという**蕩尽**だろう！　欲望の水門は開かれた。モーターバイク、破砕性手榴弾、性的な展示をふまえたとしても、この世にスニーカーほど欲望される装置があるかは疑わしい。本物でも偽物でも、法外な値段で店から買われたものでも盗まれたものでも、まだ血を流している死体から剥ぎとられたものでもそうだ。あの見たこともない素敵な鳥を思い出してみよう。マンハッタンの通りを走るロールスロイスではないが、一般人にとってはそれくらいの価値がある。ボゴタの空港でガラスの後ろからウインクしていた男性用の靴には、二九〇ドルの値札が付いていた。

靴へのこのような飽くなき欲望を誰が説明できるだろうか。単なる靴において、まさにそこでこそ、美と実用性の完璧な調和が達成されるかのように。

だとすると、長靴とスニーカーの対立は、衝突ではないとしたら、厳しい労働とフェティッシュの見事な輝きの結合を反映しているのではないだろうか。一九七〇年代の写真にうつる金持ちのトウモロコシ畑で裸足で働く女たちを見ただろう。裸足でサトウキビ畑にいる女たち、そして裸足でカカオの殻をむく女たちも見たはずだ。彼女たちには畏怖の念を抱かされる。とくに拡大家族と一緒に、自分たちの土地で、より正確には菜園で育ったカカオをむく仕事をしているときはそうだ。これらのイメージが証明するのは労働であり、その一方で、若い男どものイメージはまったく別の言語を話している。見せびらかしの言語だ。この写真にうつる若い男たちはめちゃくちゃクールだ。異なる美の誕生である。

蒸気機関とジェニー紡績機の発明についてはわきへ置いておこう。私の念頭にある歴史はもう少し古いもので、二足歩行の発明と、それに付随した足と顔の関係をめぐる多くの意味と、美の進化に関するものである。

この歴史は、四本足ではなく二本足で、新生児のようによちよち歩く高貴な動物である人類の上昇に関するものである。ニーチェがわれわれに全体像を与え、フロイトが焦点を合わせた。ニーチェは喚起する。「水棲動物が、陸棲動物になるかそれともそのまま滅びるかという選択に迫られたとき［……］——人間のすべての本能が一挙に無価値になり、「外れて」しまったのだ。この動物はこれからは足で歩かねばならなくなり、それまで水に乗って運ばれていた距離を「自分自身で運ぶ」ことを強いられたのだった。恐ろしい〈重さ〉がのしかかってきたのである」[2]。ニーチェにとって、これは抑圧の重みであった。抑圧は本能を抑え込むことで内面へ向かわせて魂を形成させる。なかなかの偉業だ。しかし、その重みを負うのは足なのである。

ニーチェのように、フロイトも人間が直立したというこの進化上の出来事を文明の誕生とその不満に結びつけている。足と頭の縦軸は思考と現実のテンプレートになったのみならず、宇宙そのものアレゴリーになった。いまや視覚が嗅覚と触覚に取って代わり（ニーチェにおいてアポロがディオニュソスを立ち退かせたように）、なによりも、晒された性器に対する恥辱がこの世に登場した。この侮蔑的な器官を隠すために服が作られ、降格させられた感覚である嗅覚が、どうやら足そのものにも劣らないほどの抑圧の印となった[3]。

しかし今、『文化への不満』は書き直されなければならない。少女たちは服を脱ぎ、母親たちは「デスタペ！」と嘆き、少年たちは年齢よりも老けて古くさくみえる父親の命令に従わない。ディオニュソスは帰還し、かつての翼のついたサンダルの代わりにナイキの靴を履いてきらきらと輝く。そして、本来はこれとは「反対の試み」だってできたはずではないのか、というニーチェの問いを思い出し、しかし「それを試みるだけの強い人間はいるだろうか？」、とつけ加える。そう、われわれは答えを知っている。それは、アグリビジネスのスラムや集落に住む若者たちだ。とりわけ、ニーチェが熱っぽくこの問いを投げかけている理由を考えると、答えは明らかだ。すなわち、単なる反対、単なる否定の否定は、単純でも簡単でもないからであり、そして反対も、必然的にその反対の一部となる「文明」における良心の呵責という倒錯した特徴と密接な関係にあるからだ。「別の種類の精神が必要なのだ」、とニーチェはいう。「その精神は、戦争と勝利によって鍛えられている精神であり、征服と冒険と危険と苦痛を必要不可欠なものとしている精神」である。そこには「ある種の崇高な悪意」すら必要になるだろうと彼は結論づける。(4)

裸足に靴を履かされたのは一つの歴史であり、まぎれもなく実践的で、地に足の着いた、卑しい物質の物語である。そこには、足首にまとわりつく雨にぬれた土地の深いぬかるみや、足の指のあいだの夏の埃から、臭くて汗まみれのゴム長靴の快適さへと進む、いくらか素敵な進化の付加がついてくる。歳をとるにつれて親指が釘爪のように外側に曲がって開いた裸足は、過去の奇種を展示する自然史博物館でみかけるような遺物となった。スニーカーを履いたクールな男たちとはかけ離れている。

だが、頭はどうなるのだろう。頭もまた、重大な変化を経験したのではないか。近年における髪型という超現実的な遊び場を取り上げてみよう。あの非実践的なもの、過剰のうえに積まれた過剰の典型。溢れ出る豊富さの流出、高価な驚くべきものが、ますますあらわにされる身体に付随している。私は、ディオニュソスのマイナスの髪と絡み合うヘビのような素晴らしいエクステンションをつけた女性たちの話をしている。しかし、男性について話すのもたやすいことだ。彼らはいまや髪をすべて取り除き、磨き上げられた坊主頭を超現実的なゲームのなかで光らせている。まるで一夜のうちに人類は自らを変化させ、幻想的な変身を遂げたかのようだ。いまやすべてが別様に見えるし、すべてが別様に感じられるのだから。

男性の髪が短くなってついには消え去り、女性——四、五歳くらいの幼い少女も含む——は、大きな波をうって背中のなかほどまで垂れさがるエクステンションを髪に縫いつけるようになった。そのようなエクステンションをつけるのには少なくとも一時間はかかり、安くはなく、髪がもつのはせいぜい数カ月で、その後やせ細って脂っぽくなる。だが、それこそがポイントではないだろうか——拡大すること、いくらかの蕩尽を実践すること、流れに身を任せること。

この髪との戯れは歴史と記号の意味をめぐるあらゆる種類のゲームに適しているが、まずは親密さについて言及したい。別の女性に、自分の本物の髪にエクステンションを接合してもらうか髪をストレートにしてもらい、また別の女性が近くでそれを見て、触れて、おしゃべりをしている。そのあいだも、器用な指が編みと織りを結びつけていく。

歴史と弁証法的なイメージについていえば、男性用も女性用もある、素晴らしいアフリカの髪の彫刻を無視することはできない。この実践はとても古く、間違いなく植民地の記録と同等に古いのだが、一九四〇年代にナミビアで取られた写真が示しているように地面に届くようなエクステンションもあった[5]。

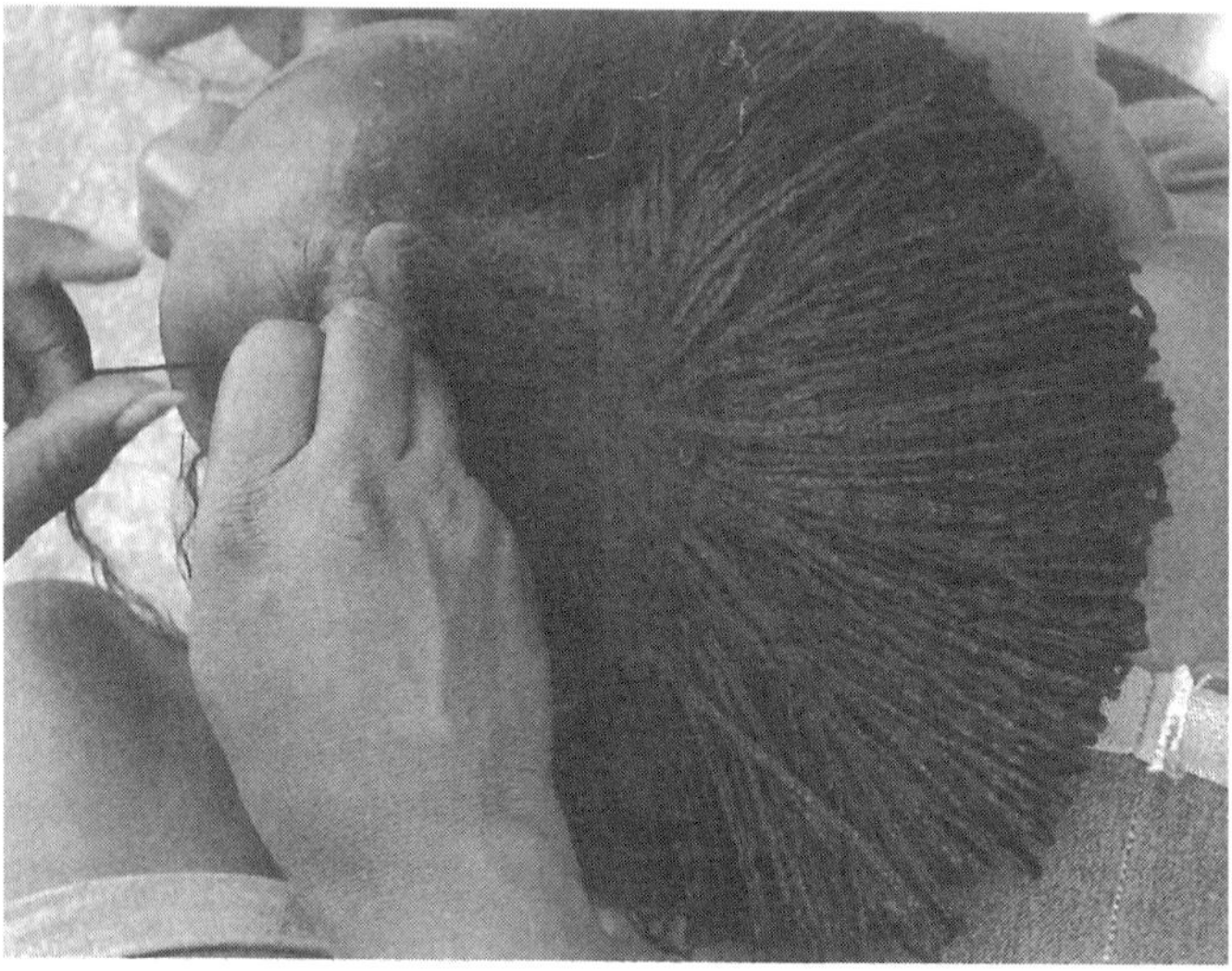

一九六九年後半に私がはじめてコロンビアのこの町に来た時、黒人女性の髪は短く、細かいコーンローか三つ編みかストレートにされていた。髪をまっすぐに伸ばすためには、先住民が植物から作ったと言われており、竹の筒に入れて売られている混合ハーブが使われていた。あるいは、折れたマチェーテを熱して牛のひづめから取った油をひいたものを髪に当てて伸ばしていた。当時、町には一万二千人ほどの住人がいたが、美容室《サラ・デ・ベジエーサ》は一つしかなく、そこは経営者の居間だった。その頃、髪をストレートにするためにアメリカ合衆国から入ってきた高価な軟膏が使われはじめており、若い女性のほとんどは、まっすぐにした髪にウェーブを作るためカーラー（実はボール紙できたトイレットペーパーの芯）を使っていた。カーラーは、家の中でも外でも、何日間にもわたってつけられてい

K. シェットラー撮影（A. Sherz et al. (eds.) 1981. *Hair-styles, Head-dresses and Ornaments in Southwest Africa, Namibia and Southern Angola*. Windhoek; Gamsberg Macmillan.)。

たようで、髪そのもののように自然に見えた。トイレットペーパーの芯がぷかぷか浮き沈みする道を想像してみてほしい！　その後、青や黄色など明るい色のプラスチックのカーラーが使われるようになった。少なくとも私の目には、ボール紙のカーラーと同じく、髪をストレートにするための単なる道具ではなく、それ自体が美しい装飾品のように見えた。今日、これらはすべて消え去り、髪をストレートにするローションと、ニマのような優しい女神の職務に取って代わった。美容室で女性たちを満足させる、この素敵なニマが私の髪も切ってくれる。ウェストまで伸びる彼女の髪は、光沢があり、茶色で、大部分が偽物である。

「デスタペ」と髪の急進的な変化には、別の変化する景観がともなう。トラウマと磨き上げられた頭、暴力とスラム生活の絶え間ない醜さ、拡大しつづけるアグリビジネスのプランテーション――かつては地平線までだったが、今や知られている世界の境界を超えたはるか彼方まで拡張している――からなる人間的ではない景観。このまったく境界ではない境界には、サトウキビを収穫するために輸入された風変わりな新しい装置が構えている。解雇された何万ものサトウキビ刈り労働者へ挨拶するこの装置は、機械による土地の合理化が今や完成したことを印づけている。この勝利によって機械が喚起するのは前史に他ならない。

そして、子どもたちは？　醜さが広まり、ストリートが暴力とそれに起因する野蛮な物語で狂乱状態になるにつれ、子どもたちは、自らを抹殺しようとする世界で互いに抹殺しあいながら、美しくなるための技術を大胆に向上させ、自らを芸術作品に変えている。

地下世界の外科医たち

宇宙整形は現実の裂け目に存在する。そこには、おとぎ話のきらめきがみなぎっている。なんということだ。あんなふうに作り直されるなんて。世界をますます九〇‐六〇‐九〇にしていくなんて。アグリビジネスは川の流れる大地を変えてきた。いまや、宇宙整形が女の身体を変えている。だが、なんと危険なことだろう！　女の身体は、単一作物栽培や化学肥料や危険な殺虫剤や灌漑を伴ったアグリビジネスの一種になっているのではないか。私の物語が示唆してきたように、自然はすでに反撃しているのではないか。ラ・リポのあと、暑く暗い部屋で昏睡状態におちいっている女。眼を閉じることのできない女。猫のように息をする女。両胸が切除された女。左右の尻から大量の膿が噴き出した女。

あらゆることがあまりにも危険になってしまった。危険なだけじゃなく非現実的だ。変身や宝探しや亡国や巨人殺しの物語と同じように、超自然的な力に満ちている。危険なだけじゃなく非現実的だ。まるで劇場か仮装パーティーで起きているかのように、警官がギャングと共謀し、大統領が民兵組織と共謀している。それほどまでに、汚職が大量虐殺を肥え太らせている。あまりにも非現実的で、悪魔的なほのめかしに満ちているので、もはや誰を、そして何を信じればいいのかわからないほどだ。これはまさにバロックだ。そこには、不自然さをめぐる美と、世界を劇場化する政治の過剰なまでの複雑さがある。そして、宇宙整形を施された伝説の犯罪者たちの物語ほどバロックなものはない。

おとぎ話が日々のニュースに蔓延っている。このことは、ずっと前にパリのゲイ＝リュサック通りの本屋の小部屋で持ち出されたことがある。迫りくる戦争の暗雲が立ち込めるなか、少数の作家と人類学者が、彼らが「聖なるものの社会学」と呼ぶものについて議論するために集まっていた。彼らは、アンドレ・ブルトンのシュルレアリストたちから険悪な形で追放された後に、自分たちのための雑誌と場所を作った。たとえばその中には、ロジェ・カイヨワが一九三九年に行った「死刑執行人の社会学」と題された素晴らしい講義がある(1)。

ダブリンの不運なユダヤ人の意識を通して一日を描いたジェイムズ・ジョイスのように、カイヨワは日刊紙の意識を通して一日を取り上げる。一九三九年二月二日の新聞は、フランス共和国の死刑執行人アナトール・デイブレルが七十六歳で亡くなったことを報じていた。

このカイヨワの講演は、ヴァルター・ベンヤミンの「物語作者」の出版からわずか三年後に行われている。「物語作者」では、物語を衰退させるものとして新聞が取り上げられていた。新聞が売買しているのは物語ではなく情報だからだ。ベンヤミンが物語の終焉とみなすものを嘆いたのに対し、カイヨワのような「聖なるものの社会学者」たちはよりニュアンスに富んだ見方をしていた。すなわち、新聞記事でさえもおとぎ話の色彩を帯びることはあるし、物語で使うことのできる事実の貯蔵庫になりうると考えていたのだ。そのことはベンヤミンにとって熟考すべきことだったのか、パリの本屋で行われている議論を後ろの席で聞きながら、当惑しながら首をかしげていた。少なくとも、そういう話になっている。

その死刑執行人の死に関する多数の新聞記事のなかにカイヨワが見出したのは、死刑執行人を君主に結びつける神話と伝説の世界だった。「君主は光明と栄華の中に、死刑執行人は暗闇と恥辱のなかに」ある。君主と死刑執行人はともに例外的な存在であり、両者は近くにいるように見えて遠く離れているようでもある。「渇望する気持ちと尻込みしたい気持ちが等しく働いて、彼らと一体化すると同時に遠ざかる」傾向を私たちがもつほどにである。

われわれは、聖なるものを前にした時の人間の態度を決定する心理の配置図をそこに認めるが、それは聖アウグスティヌスが描いてみせたように、神々しいものと自分との類似性に思いをはせる時、人は情熱に燃え、またそれと自分とがいかに異質であるかを思い描く時は、恐怖で慄然とするのを覚えるものである。(2)

新聞によると、死刑執行人デイブレルはシャイで穏やかな男で、子犬とトランプゲームを愛していた。君主と同じように、彼は超自然的な存在であり、矛盾に満ちていた。恐怖を植えつける男は、彼自身おびえていた。子どもの頃から、人と距離を取って生きてきた。残酷なのは彼の仕事であって、素顔は優しく憂鬱な男だったという。彼の邸宅はマジノ線の要塞のようだが、そこでバラを育てていたと言われている。犯罪者や娼婦の多いエリアに住んでいるとされ、魔術と癒しの力を持つともされている。

「死刑執行人は二つの世界に接触している」。カイヨワは隠喩を豊かに用いて言葉巧みに書いている。「彼は法からその委任を受けながら、法の最低のしもべであり、自分が敵に回して戦っている連中がうろつき回ったり隠れ住んだりしているような、薄暗い場末の地域と背中合わせに住んでいる。まるで怪しげな恐るべき地帯から、秩序と合法の世界ににょっきり顔を出しているといった体である[3]」。

このように、死刑執行人は、犯罪者との魔術的なつながりのみならず、君主が犯罪者に依存していることについても執拗に描きだしている。この崇高な結びつきは、ときに犯罪者が君主の持っている特性である気高さを示すことを意味している。この点は、『泥棒日記』なかでジャン・ジュネが、彼が恋焦がれていた片腕の無い犯罪者について語るときにも強調されていた。ハンサムで超然としており、ストレートであると公言していたスティリターノは、ある夜バルセロナの路上で身を落とすことになる。スティタリーノは三人の男をののしったのだが、男たちの反撃を受けると、しり込みした。彼は哀れにも手首までしかない腕を差し出した。ジュネは書く。「手の不存在は、そのとき、国王の御紋章と同じほど、司直の手と同じほど、現実的で効果的なはたらきをしたのである」[4]。

偉大な犯罪者は君主や警察と同じように神秘的な力を持っているとされる。コロンビアの主要紙エル・ティエンポに二〇〇七年に掲載された著名な犯罪者の写真に示されている、地下世界における魔術的な変身について見てみよう。そこでは、意外なニュースが、奇妙なことに過去からさらに過去へと遡る時制で書かれている。まるで「むかしむかし」のことのように……。

六度の手術を受けたマフィアのボス「チュペータ」逮捕[5]

この見出しのすぐ下に、ページの横幅いっぱいに切手サイズの白黒写真に写った六つの異なる顔が時系列に並べられ、「変身」と題されている。

最初の写真のチュペータはハンサムな若い男で、細顔で張り詰めた表情をしており、口をすぼめ、黒光りする髪はまっすぐに後ろに整えられており、肌には染み一つない。整髪剤のモデルにもなれるだろう。これは、彼が一九九六年に三〇トンのコカインを不法取引したことを司法取引で認める見返りとして、わずか四年の収監で済んだときの姿だ。後にエル・ティエンポ紙が行った報道によ

ESTA ES LA METAMORFOSIS A LA QUE EL CAPO SE SOMETIÓ EN LOS QUIRÓFANOS; EL PROCESO CONTINUABA
Los US$ 89 millones de las caletas van rumbo a E.U.
'Chupeta' cayó a las 2:55 a.m. de ayer en Sao Paulo, Brasil.

エル・ティエンポ紙，2007年8月8日。

れば、いつも頼りになるアメリカ麻薬取締局の主張するところでは、チュペータが積み出したのは七〇〇トンであった。

この時期に彼の相棒である「カミソリ」が暗殺された。その後、チュペータは釈放され、その六カ月後に身を隠した。ワシントンの裁判所がアメリカ合衆国で公判にかけるために彼に対する逮捕令状を発行したからだ。それからすぐに、彼の右腕であるラウレアーノ・レンテリーアが、犯罪人の引渡しを受ける権限を有しているアメリカ合衆国当局と面会する数日前に、刑務所の独房でシアン化合物を飲んで亡くなった。

チュペータは、二〇〇八年に警察に二度目に捕まった。そのときの報道によると、彼は隠し財産を持っていただけでなく、彼自身をもいわば「隠していた」。すなわち新しい顔を持ち、他にもいくつもの変身をしていたのだ。そのなかには、死の偽装、再生に備えた新しい複数の名前とパスポート、そしてもちろん宇宙整形が含まれる。

　チュペータは、コロンビア軍に潜伏した回し者を通して、自分が死んだという噂を流していた。さらに、外科医に、顔とおそらくは指紋にも手を入れさせながら、メキシコ、パラグアイ、ウルグアイ、アルゼンチンを旅し、二〇〇五年から二〇〇七年のいずれかの時点では、ブラジルでイタリア人のマルセロ・ハビエル・ウンスエとして暮らしていた。

　現実にせよ偽物にせよ、死と同じくらい劇的であるのは、逃走中のこの男（この顔と言うべきかもしれないが）が、つぎつぎと実体化していくさまである。左から右へと写真を見るにつれ、死と再生の循環が示唆され、生まれ変わるたびに邪悪さを増している。いったい何が私たちをすくみあがらせるのか。顔がどんどんめちゃくちゃになり、より醜く、より不快に、より恐ろしくなっていることなのか。それとも、自分の顔、すなわち存在自体とも考えられるものに対して、こんな事態を引き起こした人がいることを認める苦痛だろうか。あるいは、かつては変更不可能と考えられていたもの、つまり人間の顔、身元《アイデンティティ》を保証する場所が変化しているというただの事実に心を揺さぶられているのだろうか。

「裏切られました」。サンパウロの著名な整形外科医ロリティ・ブロイエルは不平をこぼした。彼女は、そうとは知らずに直近の三回の手術を執り行ったのだ。患者が本当は誰なのかを知ったばかりだと彼女は言った。三百件以上の暗殺を指示していた人物だったことを聞かされたのだと。「でも彼はとても感じがよかった《シンパティコ》」と彼女は泣きながら話した。彼女のスタッフは、そのショックを鎮めるために処方された鎮静剤を飲んでいた。

なるほど、裏切られたと感じない人はいないだろう。最後の作品を見てほしい。顔ではなくて、顔の代わりとなるグロテスクな言い訳。幅広い平面の形をしたカーニバルの仮面。目は膨らみゴルフボールのように恐ろしく白い。張り詰めた笑顔は、むしろ持続的な痛みに顔を歪めているようだ。

最終的に彼の正体を明らかにしたのは、声だ。チュペータの声のサンプルが、エル・ティエンポ紙が「ボイスバンク」と呼ぶものに、すなわちアメリカ麻薬取締局によって管理されるデータベースに登録されていたのだ。その結果として、彼の身元が確認された。顔は視覚的にはっきりと身元やその他もろもろのことを保証する。しかし、目に見えない存在である声も引けを取らない。自分の声を認識したり受け入れたりすることは稀で、自己認識している声とはかけ離れた音であり続ける。しかし、古い友人や麻薬取締局にとってはそうではない。何と奇妙なことだろうか。宇宙整形医が声に関心を向けるのはいつだろうか。あるいは、人間の美しさとその変更可能性が声にまで拡張できると私たちが気づくのはいつだろうか。

チュペータの逮捕に触発されて、数日後にエル・ティエンポ紙は次のような見出しを掲げた。

地下世界の外科医たち

警察に追われる人びとの正体を変えることに忙しい「外科医」の裏の世界（どうやら世界中に広がっているらしい）について、一ページを割いて紹介している。彼らは、診療所だけでなく、DASやDJINのような国家諜報機関のファイリングシステムでも「手術」を行う。記録を消して、置き換えるのだ。DASやDJINが何なのかについては、知らない方がいい[七]。

この記事によると、悪者たちは指紋の顕微鏡手術に妄執しており、その結果、警察も同じように取りつかれるようになった。繊細な手つきで指の渦状紋を「描き直す」外科医もいれば、指紋がつかないように取り除く者もいる。足の指紋と手の指紋を入れ替える者まであるという。あまり技術を伴わない手段もある。たとえば、捜査から逃れるためにやけくそになって指先をかみ切ったボゴタの男の事例が言及されている。しかし、夫の毎月の年金を受け取るために、死んだ夫の人差し指を切り取って冷凍庫で保存していた女に比肩しうる者はないだろう。

二年後、民兵組織に属するペドロ・フリオ・ルエダという名の殺人者が、指紋手術についてのいくぶん驚くべき説明を行った[6]。彼は、ベネズエラまで東に広がるコロンビア大平原のケンタウロス連合で活動する多くの無名の兵士たちと一緒になって、民兵たちに捕らえられた一人の農民の指紋を指に移植したのだという。移植は、原始的なやり方で行われた。彼の説明によると、自らの指を一本一本（「腱の深さまで」）深めにカットし、そこにできた穴にその農民の指先を埋める。うまくやるには三、四人の捕虜を殺す必要があったが、必要とあればもっと殺していただろう。

しかし実験は失敗に終わり、ルエダは指紋を完全に失い深い傷を負った。その傷は、彼が上品に基本的なニーズと呼ぶものを満たす際に極端な痛みを引き起こした。再び銃を握れるようになるまで五、六カ月かかったという。

エル・セニョール・デ・ロス・シエロス、すなわち「天空の主人」として知られるメキシコの麻薬王アマド・カリージョはどうだろう。「天空の主人」という呼び名が、彼のジェット飛行機部隊がアメリカ合衆国に麻薬を空輸していたことと、神のごとき富と権力を持っていたことの両方に由来していることは疑いない。一九九七年七月に、コロンビア人のリカルド・レイエス・リンコンを含めた三人の整形外科医のメスによって、カリージョは命を落とした。天空の主人を変身させる手術は八時間続いたとされる。一人が鼻をいじるあいだに、他の二人がお腹の脂肪を減らすために大それた脂肪吸引術を行った。エル・ティエンポ紙は、その三人の外科医は数日後に遺体で見つかったと報じた。しかし、詳細な調査によると、死んだ状態で、本当に命のつきた状態で発見されたのは三人のうち二人だけであった。彼らは、目隠しと手錠をされ、火をつけられ、殴打され、絞殺されたあげく、コンクリート詰めにされていた。

私が調べたウィキペディアの記事には、天空の主人の二つの顔写真が載っている。一枚目は、落ち着いた茶色がかった白黒写真で、髪と髭をたらし、優しく気品のある若きキリストを思わせるようなポートレートだ。二枚目は、心をざわつかせる不快な色をした横顔の写真である。整形手術を受けた頭部が広々とした白い柔らかな枕の上で支えられた状態で、棺桶の中に入っている。肌はピンクと紫の斑点でまだらになっている。歯茎がむきだしになっており、突き出した歯が見えている。

神々しさは地に落ちている。このように獣へと転落することよりも悲しい運命を美は知らない。この転落から救い出すことは、善き物語による戦慄なくしては、不可能であるように思われる。

デザイナーネーム

「残されているのは自分の名前くらいね」。

宇宙整形と、名づけ、より正確には名前を変えることのあいだには並行関係があるのではないか。身元は顔や身体に根づくが、もちろん名前にも根づく。だから、(愛称や偽名のような)別の名前を使ったり別の名前をつけられることは、宇宙整形と同じように、自身の存在を形而上学的に変化させるようだ。名づけと宇宙整形がどのように合流するのかは、コロンビアの民兵組織の指導的地位を強化させている殺人鬼や詐欺師たちの事例においてもっとも明白で、そして本当に恐ろしい。もちろん彼らは、自らの背後にいて、名前も顔も体も持たず可視化されることもない人間の操り人形にすぎない。ユーモアを捉え損ねてもいけない。恐怖をより一層恐ろしくするのはユーモアなのだから。

マフィアの名づけ

「六度の手術を受けたマフィアのボス」に出てきたチュペータという名前を取り上げよう。チュペータは、コロンビアで売られているアメ玉の名前でもある。〔この名前の語源となっている〕チュパールという動詞は、「吸う＝搾取する」という意味である。このつながりはあからさまに見えるかもしれないが、詳しい説明を耳にするには少し時間がかかった。私が話を聞いた人びとの考えでは、その愛称にはより深い意義が、つまり、謎めいていて奇妙なものが含まれているに違いないという。その愛称は犯罪者の地下世界という霧のかかった窪地にあるので、まるでつねにそれ以上の何かを意味していなければならないかのように判読不能なのだという。

言い換えるならば、そうした名前が持つ含意は、名づけるということが持つ含意に私たちの意識を向けさせて、そして余剰やアクセス不可能な影があることを示してくれている。つまり、バタイユならば蕩尽、すなわち詩や遊びと連動した利益をもたらさない支出、と間違いなくみなすであろう何かを示唆している。なぜなら愛称は非常につかみどころがなく、なかでもギャングの名づけはもっともわかりにくいからだ。フロイトによるジョークと無意識の関係についての分析が思い起こされる。なぜならこれらの名づけは、隠蔽という発想と戯れる手段であると同時に、意味やダブルミーニングと戯れる手段であることを意図されているように思えるからだ。意味が移り変わっていくダブルミーニングの捉えどころなさは、犯罪者たちが過ごしていると考えられているスパイ映画の生活を反映しているかのようだ。

それらの名前をなんと呼ぶのかには多くの混乱がある。愛称なのか偽名なのか。前者の場合は、フランス語のソブリケのようにある程度の陽気さと友情とユーモアが示唆される。後者の場合は、むしろ警察用語に属しており、私たちの存在を覆い隠す名前が持つ無垢な装いはつねに引き剥がされそうになっている。偽名はカモフラージュとして、すなわち（たとえばジャック・スミスのように）可能な限り目立たないものが望ましいとされるが、愛称は芝居じみており、さまざまな理由で目立たせることを意図しているフラッシュライトである。偽名はジャック・スミスやジェーン・ブラウンのように「本当の」名前だが、愛称はそこからはみ出している。まるで「本当の」名前をからかっているかのようであり、名づけるということそのものについて再考を迫るようである。しかし、私のお気に入りの呼び方はノム・ドゥ・ゲール〔nom de guerre. 原義「戦時の名前」で「仮名」の意〕である。仮名は、偽名と愛称の圧縮されたハイブリッドであり、スパイ映画のなかで惜しみなく使われている。他方でペンネームは、私もマテオ・ミナというものを持っているが、仮名とは完全に異なるものを指している。このように名づけを名づける方法のすべてが、アイデンティティを二重化したり仮面をかぶったりすることがはらむ、驚くほど複雑な世界の存在を示唆する。宇宙整形との並行関係とともに、この複雑性も忘れられるべきではない。

愛称は、とんがったユーモア、ミステリ、演劇性を付け足すことによって、平凡な世界をパワーアップさせる。愛称は馴染み深いものと縁遠いものを組み合わせる。あの愚か者、狂人《エル・ロコ》と呼ばれるバレーラにつけられた、「国家最重要指名手配者《ザ・マン・モースト・ワンテッド・イン・ザ・ネーション》」のように。漫画かメロドラマのようでありながら、ゾッとするほどに現実的でもある。エル・ロコには千人のボディガードがついていたのだ。ボディガードたちは、民兵組織のペドロ・オリベリオ・ゲレーロの指揮下にあった。ナイフ（クチージョ）という偽名を持つゲレーロは、これから検討するもう一つの名前である「ビチャーダの英雄たち」という民兵組織を率いていた。

　ビチャーダの英雄たち。恐ろしいと同時に笑える名前ではないか。コロンビア北部の大虐殺についての人類学的研究を行う前に、コロンビア軍に従事したことのあるエドゥアルド・バネガスは、彼らは実際には〔ビチャーダではなく〕「グアビアーレの英雄たち」だと教えてくれた。しかし、それが命名法の錯乱に巻きこまれた名称だとしても、いずれにしても彼らは英雄なのだ。「英雄を必要とする国は不幸だ」。ブレヒトの有名な言葉がある。それでは、どんな名前だったら、私たちは言葉通りに受け入れることができるのだろうか。英雄たちは今やＥＲＰＡＣ（発音はエルパック）と呼ばれるようになっているというのに。省略しなかったら、もっと漫画みたいだ。コロンビア反転覆人民革命軍。エルパックは、ブラック・イーグルス（ロス・アギラス・ネグラス）と同盟を結んでいると言われる。こうした名前を思いついて命名するのはどれほど愉快だろう。そして、創造的な名づけの分岐点、すなわち、エルパックのような退屈で官僚的なスタイルとブラック・イーグルスのようなギャングが用いる漫画じみたスタイルのいずれかを選択しなければならなくなったときには、どれほど苦悩しただろう。

さらに、本名のロドリゴ・メルカド・ペルフォほど知られることは無かったが、カデナという愛称がある。カデナは鎖を意味するが、それは黄金の鎖ということであり、黄金のネックレスとブレスレットということである。彼は、「モンテス・デ・マリアの英雄たち」という民兵組織のリーダーの一人であるが、このモンテス・デ・マリアは、コロンビアにおいてもとくに暴力が壮大に席巻した地域のひとつとされている。カリブ海に近いこの地域では、一九九九年と二〇〇〇年のわずか二年のあいだに、エル・サラド、チェンゲ、マカイエポを含めた七十五のすべての村で「英雄たち」が大虐殺を行い、およそ三千人が殺されるか行方不明になった。

カデナはこれらの大虐殺にかかわっており、前述した「英雄たち」を支援していた大土地所有者と政治家の名前を明かそうとしていたために、二〇〇四年か二〇〇五年のどこかの時点で彼自身も暗殺されたと言われている。かくして、鎖という彼の偽名は、さらにもう一つの意味を獲得した。誰にもわからない場所（おそらくは当時の大統領の執務室であると言われている）につながっている不可視の鎖という含意である。この意味で、蕩尽という輝ける外套を彼にもたらしてくれた黄金の鎖は、彼自身をも殺してしまったように見える。この地域の別の物語は、異なる類の過剰を伝えている。たとえば、カデナの大農園《アシエンダ》のひとつには、「末期に流す涙の間《エル・クアルト・デ・ラス・ウルティマス・ラグリマス》」と名づけられた拷問部屋があったという。地下に設けられたこの牢獄にはワニで満たされたプールがあったとされる。ガルシア・マルケスと魔術的リアリズムでも太刀打ちできない。

Comparativo de Daniel 'El Loco' Barrera y Juan Barrera Fonseca. Cortesia Noticias Uno.

エル・エスペクタドール紙，2008年8月14日。

エル・ロコについては、ずっと「本当の」名前を確定できるものなど誰もいなかった。最終的に彼は三つの公式の身分証明書をもっていたが、そのうちひとつには七九－九四七－五七五という数字が記されている。新聞は情報については本当に気前がいい。「国家最重要指名手配者」として知られるこの男について、エル・エスペクタドール紙は、民兵組織からだけでなくジョン四〇からもコカインやコカイン・ペーストを購入していた麻薬売買の親玉だとしている。ジョン四〇は、ＦＡＲＣゲリラの第四三戦線司令部のナンバーツーであり、民兵組織の不倶戴天の仇である。にもかかわらず、彼らは麻薬取引をしている[1]。

（ジョン四〇とは別人であるが、ホルへ四〇はもっともよく知られた民兵組織の指導者の一人で、（そういうものがあるのだとすれば）本名はロドリゴ・トバール・プーポという。ジョン四〇はゲリラの指導者でありながら、敵である民兵組織に大量のコカインをあからさまに売りさばいてゲリラのために利益をあげている。かたや太った眼鏡のホルへ四〇は、バジェドゥパルでもっとも成功した一家出身の好青年だが、今ではジョン四〇のような輩と戦っている迷彩服を着た民兵組織の汗臭いならず者集団とともに、武器をもってカメラの前でポーズをとっている。なんてまぎらわしいんだ。ジョン四〇とホルへ四〇を取り違えてしまったら大変だ。）

国家警察から日刊紙に提供されたカラー写真を見ると、宇宙整形医はダニエル・バレーラにいい仕事をしたようだ。バレーラは、かつてはとても醜かった。横柄な口、球根のようにふくれた眼、でっぷりと脂肪の着いた顔。まるで岩礁の洞窟に追い詰められたグルーパー〔ハタ科の魚の総称〕みたいだ。八カ月以上のあいだ、彼は脂肪吸引を含むたくさんの宇宙整形を受けた。「消息筋によると、実質的に彼は見分けがつかなくなっていた」[2]。六〇ポンド以上も痩せたが、失ったのは体重だけではなかった。写真にうつる元の姿と同じように、指紋も国家登録簿から不思議なことに消え去った。エル・ロコについては、あるいはエル・ロコとかつて呼ばれており、私がザ・グルーパーと呼ぶようになったものについては、もう十分だろう。

民兵組織の名づけ

もう一人のダニエル、こちらも民兵組織のダニエル・レンドン・エレーラがいる。ドン・マリオもしくは農民《エル・パイサーノ》としても知られるこの男は、もともと、自らの兄で同じ民兵組織に属するフレディの右腕とされていたのだが、このフレディは、拷問と殺人を好む荒くれ者たちに厳格な規律を課したことで、ドイツ人《エル・アレマン》とも呼ばれていた。二〇〇九年四月十六日にコロンビア軍に捕縛されたドン・マリオは、「ビンテージもののブランデーとデザイナーの手によるスーツに対する情熱」で知られていた。「噂では、葉巻に火をつけるために一〇〇ドル札を使ったとされ、毎日新しいロレックスを身に着けることを好んだという(3)」。なんて野郎だ！ 伝説的な、ステレオタイプのなかのステレオタイプ。こんな奴が普通の名前、「本当の」名前に甘んじていられるわけがない。

この過剰な愛称とともに、名無しという実践もある。二〇〇七年、四百万人のコロンビア人の土地を奪ったことに最大の責任があるとされる八人の民兵組織の指導者が、自分たちに殺人や拷問を指示し、報酬と保護を与えた人びとの名前を公にできないことにいらだっているというニュースを目にした。八人は、公に罪を懺悔して組織の秘密を開示するという条件で共和国大統領と取引をし、法の変更によって恩赦された。しかし、都合のいい秘密と悪い秘密がある。大統領はもはや彼らの証言を望まないと心を決めて、結局八人は口をふさがれるか、麻薬売買の罪でアメリカの刑務所に送られた。いずれにしても口をふさがれたということだ。その後、彼らは共同で手紙を書き、話をする必要があること、そして社会の頂点で采配を振るっている立派な人びとの存在が隠蔽され続けるならば組織の解散と武装解除は無意味になると主張した。このままでは、民兵組織は再びよみがえるだけだろうと(4)。彼らは単なる「氷山の一角」であり、「突撃隊」に過ぎないというのだ。これが彼らの主張である。しかしもちろんこれは脅しでもある。もっといい条件をくれなければ、ばらすぞ！

彼らの署名の下には拇印が押されていた。

読者に示された名前のリストがある。フレンディ・レンドン（エル・アレマン）、ロドリゴ・ペレス（フリアン・ボリバル）、アルヌビオ・トリアナ（ボタロン）、ホルヘ・イヴァン・ラベルデ（エル・イグアノ）、アルバロ・セプルベダ（ドン・セーサル）、エドワル・コボス（ディエゴ・ベシーノ）、ヘスス・イグナシオ・ロルダン（モノレーチェ）、ラウール・エミリオ・アスプン（ペドロ・ボニート）。

記者は、自分でこれらのノム・ドゥ・ゲールを補ったのか、それとも手紙にそのように書かれていたのかを明確にしていない。いずれにしても、これらの「戦時の名前」は「本当の名前」と同じくらいよく知られているとみなしていいだろう。「戦時の名前」の方がよく知られているかもしれない。両方の名前を同時に提示しないことは不適切に見えるような段階に来ている。ややありきたりな「フレディ・レンドン」ではなく、完全な呼び名である「フレディ・レンドン（エル・アレマン）」と。これらは、ハイブリッドな形象だ。ケンタウロスのようであり、鳥の鳴き声や携帯電話の呼び出し音のように、既定の響きをループすることがもう一つの新たな同じ響きと同時に起こる楽譜のようでもある。

魅力的な構造がここにはある。ハイブリッドな名前が前景化するとき、その背後には名無しがいるからだ。州知事、大土地所有者、閣僚、アメリカ大使館職員、ともすると大統領さえも。眼に見える氷山の一角と、冷たい海面下に沈んだより大きな塊。ハイブリッドな名前を持つ男は、まさに、名前のない後援者たちの名前を運んでいるようだ。

ゲリラの名づけ

民兵組織の敵であるFARCゲリラの指導者たちも名前を変えるが、偽名の論理を維持しながらも、節度を保ち、日常的な名前を好む。たとえば、マヌエル・マルランダ(本名ペドロ・アントニオ・マルティン)、ハコボ・アレナス(本名ルイス・モランテス)、ラウール・レイエス(本名ルイス・エドガル・デヴィア・シルヴァ)、アルフォンソ・カノ(本名ギジェルモ・サエンス)、シモン・トリニダードのように。シモン・トリニダードの別名はフェデリコ・ボゴタというが、もともとの名前、あるいは「本当の」名前と言うべきなのだろうが、そちらの方がよっぽど独創性にあふれている。フベナル・オヴィディオ・リカルド・パルメラ・ピネダ。彼は、コロンビア北部のバジェドゥパルで大きな銀行を経営し、別の大きな銀行の主と結婚しており、非常に高い社会的地位にある人だった。一九八七年のある日、彼はペリハ山脈の丘に降り立ち、FARCの第四一戦線を組織した。その際、銀行から三〇〇〇万ペソの資金とその町のもっとも裕福な中産階級の人たちの銀行口座の詳細――のちに誘拐するために役立つ情報――を持ち去った。

このように名前と職業を変えることは、これ以上ないほど唐突に、そして劇的にアイデンティティを変化させるように思える。思い出してほしいのは、シモン・トリニダードが数百万人とともに蜂起する直前に、バジェドゥパルの中産階級と、志を同じくする国中の大地主たちが、新しく作られた愛国連合という政党を排除する活動を組織していたということである。彼らの主張によれば、愛国連合はFARCの合法的なフロント政党なのだという。民兵部隊やコロンビア軍、さらにはエル・メヒカーノことホセ・ゴンザロ・ロドリゲス・ガチャのような麻薬王の支援を巧みに受けて、彼らはかなりの成功を収めた。数年のうちに、愛国連合の主要人物はコロンビアから誰一人いなくなった。一人また一人と暗殺され、その数は数千人にのぼった。

身分の低いゲリラ戦士たちは、まったく異なるシステムにのっとって名づけられる。そのような戦士のひとりは、アルフレッド・モラーノによるインタビューの録音テープの中では、デスコンフィアンサ（疑り深いあるいは懐疑的な男）とだけ呼ばれている。このインタビューは、デスコンフィアンサがコロンビア共産党とそのゲリラ部隊であるFARCにおいて担った重要な役割に関するものだった。モラーノは、デスコンフィアンサが追跡されて殺されないように、その呼び名以外は明かしていなかった。この男はゲリラが台頭しはじめた一九六〇年代初頭からゲリラに属しており、それ以前は、いまや伝説となったフアン・デ・ラ・クルス・バレーラのボディガードをしていた。この驚くべき男の名、フアン・デ・ラ・クルス・バレーラ（英語で言えばクロス・バレーラのジョン）は本名なのだが、愛称も偽名も持たないのは稀なことだ。しかし、これはだいぶ昔のことで、フアン・デ・ラ・クルス・バレーラのような美しい名前を変えるのは相当勇気のいることだったただろう。

反対に、デスコンフィアンサのような名前からは、マヌエル・マルランダのような単なる偽名ではなく、人物の特徴を反映したり逸話を暗示するような名前について考えさせられる。寡黙なやり方で、デスコンフィアンサは、ときに人は名前を選ぶが、またあるときには名前が人を選ぶのだと指摘している(5)。

偽名や愛称（あるいはノム・ドゥ・ゲール？）をめぐるもっとも愛らしい説明は、メリサという名前を自ら選んだFARCのメンバーによるものである。コロンビア南部の山の奥深く、タフで賢く信用に値するとゲリラの司令官に認められた彼女は、自分の装備を与えられた。料理用の深鍋を一つ、スプーンを一匙、「ハウス」と呼ばれている厚いプラスチックのシート、そして「金属棒」と呼ばれる銃。彼女の場合、この銃は長い銃口部分にちなんで、「ピスコ〔の瓶〕の脚」と名づけられた。愛称をつけられたと言ってもいいかもしれない。

そう、繰り返し名前をつけられるのは人間だけではない。銃も同じだ。そのメリサの装備のかなり重要な一部、すなわち彼女の「ブツ」は、「金属棒」と婉曲的に言及されるだけでなく、その銃口部には第二の名前、あるいはメタレベルの名前を与えられている。そのこの上なく奇妙な名前の由来は、神のみぞ知る。これまでのところ革命は失敗しているだろうが、言語には見込みがある。

銃を渡されたときに、同時に彼女はどんな名前が欲しいのかと尋ねられた。彼女はメリサと即答した。「なぜって、テレビドラマの『大草原の小さな家』でローラを演じているメリッサ・ギルバートをとても尊敬していたから。私は彼女が好きよ。彼女の微笑みは夢のように素晴らしい感覚を伝えてくれる。でも、あとからあいつらは私にカチャリーナという最低のあだ名をつけた」[6]。この名前は、そのゲリラ部隊のために彼女が毎朝作らなければならないトウモロコシをすりつぶしたものに由来している。本人はすごく嫌がっていたのだが、戦闘から外されて料理を担当させられることになったのだ。

ゲリラの指導者は複数のタイプの別名に恵まれることもある。（ペドロ・アントニオ・マリーンからマヌエル・マルランダへというように）ある伝統的な名前から別の伝統的な名前と変わるだけでなく、追加の愛称やノム・ドゥ・ゲールを持つこともある。この場合、犯罪者や民兵組織で見かけるのと同じ詩的な名づけの宇宙に属することになる。

メリサがカチャリーナになったのは、数十年にわたってFARCゲリラの指導者であったマルランダが、正確な射撃《ティロフィホ》というあだ名を持っていたこととまったく同じだ。どういう意味かと言うと、私が思うに、この名前は後からゲリラでも使われるようになったものの、敵によって名づけられたということである。これは一定の敬意を持ってつけられた愉快な名前であり、法を制定する機能を国家から簒奪することで有力者となった伝説的な人物に、私たちが魅了されていることを示している。

愛称は、「普通の名前」や本当の名前では問われることのない問いを生じさせる。愛称は、名前と名づけという行為の幅を広げる。愛称は言葉を拡大することで、日常生活の轍から一歩踏み出した、新しい宇宙へと導く。愛称や偽名を持つことは、本当の顔を覆う仮面を持つことに似ている。フェイスリフトが提供するものにも似ている。私たちが注目すべきなのは、仮面がファッションの中で復活したのはごく最近ことであり、フェイスリフトと同調して起こったということである。このことには、確実に歴史的な重要性があるのではないだろうか。ボトックス注射と、怯えているチェチェンの人びとに狼藉を働いたり、スターリンが生まれたジョージアのデモ隊やジャーナリストを打ちのめしたりする漆黒の目出し帽をかぶったロシアの警官とのあいだには、目に見えないつながりがあるに違いない。スターリンは決して仮面をつけなかったが、「鉄の男」という意味の「スターリン」は彼の愛称であった。いや、ノム・ドゥ・ゲールといったほうがいいか、あるいは偽名だろうか。いずれにしても、このような名前は仮面と同じくらいたしかに意味がある。アメリカでは、一時のあいだ、彼はアンクル・ジョーと呼ばれていた。

宇宙整形や新しい名前や愛称によってアイデンティティを変えることは、一度死んで生まれ変わることと同じである。しかもチュペータのように実際に死ぬことなく再生することもあれば、ある人物が死んでしまって、その人物を信奉する人たちがその死の事実(それが事実であるならば)を隠蔽しようとするときにも起きる。真実はときに永遠に知られることはない。このことは、この戦略の美点であり、伝説的なコロンビアのゲリラ指導者であるマヌエル・マルランダの側近たちによって試みられたことである。

少なくとも二〇〇七年にこれを書いているときまでの三、四年のあいだ、マルランダは死んだか末期状態にあると噂されている。コロンビア国家とゲリラの双方による手の込んだ偽装のせいで、あるいは、両方の勢力の秘密、恐怖、残忍な武装闘争、嘘そしてさまざまなレベルのペテンと演技がなされたせいで、ことの真実を知ることは不可能であるように思える。これは不利な条件ではなく、幽霊やいずれ幽霊になるもののあいまいさから放たれスペクトルのような輝きが授けられることにより、指導者の力を拡大させるものだと考えざるをえない。すべての指導者は、実質的に、生と死のあいだに宙づりにされた超越的な存在である。しかし、死んでも生きてもいないという典型的なリミナリティの状態において、現在、マルランダの超越性はより誇張されている。すでに書いたように、フィデル・カストロとウーゴ・チャベスはまさに生と死のあいだで浮遊しており、同様にリミナルな状態にある。

少しだけ立ち止まって、この興味深い**死の空間**について検討しよう。チュペータやマルランダやフィデルが住んでいる魔法の空間は、死によってもたらされたものではないだろうか。この空間は、愛称を懐胎する子宮ではないだろうか。再生の場所であるこの空間はまさに文字通りの意味で死の空間であり、暴力と死の危険がこの連中を覆い隠している。そうした連中は死をこきおろしながら、恐れてもいる。絞首台のユーモアとともに、何よりも驚くべきで素晴らしいのは、彼らがまとう愛称の周りで戯れている優しさとユーモアである。宇宙整形の場合は、死の空間が〈自己〉の再生を先取りするものであったことは自明であり、とりわけ、宇宙整形の帰結として生じるグロテスクな失敗や死についての憂鬱な物語においては顕著であった。

よりありふれていて、おそらくはより広く普及しているのは、Eメールのアドレスや「ユーザーネーム」を選ぶ際に暗黙的に行っている愛称をつける機会である。職務に際して銃を携帯する許可を求めたニューヨーク北部の恐るべき建築検査官は「コードマン」と呼ばれ、迷彩服を着たかわいらしい狩人は「ピードッグソルジャー」を使い、私の古い友人であるLは忘れがたい「ヘッド・イン・ア・ヴァット」を選んだ。

普通の名前

しかしながら、他のラテンアメリカの国々もそうだろうけれど、コロンビアでは特に、家族につけられた本当の名前の美しさに比肩できるものなどなに一つ存在しない。コロンビアのゲリラの大物であるフベナル・オヴィディオ・リカルド・パルメラ・ピネダが、この素晴らしい本当の名前を非常に退屈なシモン・トリニダードで上書きしなければならなかったことについてはすでに述べたが、さらに話を進めて私の友人であるアナベバがつけた名前を挙げたい。カリの南の田舎に住む四十五歳前後の彼女は、娘をクレイジーと呼んでいる。クレイジー・エルビラ・バランタ・カラバリ、と。

クレイジーの家から町に向かう道の途中に、インターネットカフェを経営している、才能あふれる生真面目な態度の若い女性がいる。彼女の顔と肩はバイク事故によってずたずたに切り裂かれた。彼女の名前、**本当の**名前は女王という意味を持つエンペラトリスという。

一九九〇年代に多くの時とともに過ごした今は亡き友人の子どもが私の助手をしてくれているの

だが、彼はモーターバイクのハーレーダビッドソンにちなんでダビソンと呼ばれている。三年前に亡くなった彼の叔父はコカインを詰め込んだコンドームが胃の中で破裂して亡くなった。遺体は、長いあいだ温かかった。

偶像のなかの偶像であるシモン・ボリバルを忘れてはいけない。彼のフルネームは、シモン・ホセ・アントニオ・デ・ラ・サンティシマ・トリニダード・ボリバル・パラシオス・イ・ブランコという。

クレイジー。

エンペラトリス。

ダビソン。

シモン・ホセ・アントニオ・デ・ラ・サンティシマ・トリニダード・ボリバル・パラシオス・イ・ブランコ。

これらと比べたら、偽名はまったく退屈だ。シモン・トリニダードについてもう一度考えてみよう。丘に降り立った銀行家が選んだのは、ボリバルの名前を無残に切り詰めたものだった。侮辱された言葉の大聖堂のうめき声が聞こえる。実際、愛称でさえも、ドイツ人やナイフのような少なくとも私がこれまでに言及したものに関しては、余分なものを省いた簡潔なものである。にもかかわらず、そうした愛称は二重化の魔法に組し、私たちの世界の演劇性を増大させている。

なぜなら、愛称をつけることにより、名前と名づけから距離を取ることになるからだ。私たちは名前をより意識的に眺めるようになり、より演劇的なものとみなし、自明視できなくなる。そのように眺めると、名前は人間に張りつけられたり剥がされたりする、二重に生きられた生の形式を連想させるラベルのように見えてくる。愛称はそれがつけられた者を舞台の上に投影し、そこでは人間は劇のなかの登場人物のようになる。ブレヒト流のパフォーマンスが、異化効果たっぷりに、上演していることを上演するように。二次元の切り抜きは現実よりももっと超現実的で、自然よりも超自然的だ。

宇宙整形との並行関係が見えてくる。

愛称と宇宙整形

このように考えることができる。愛称は、本当の名前と偽物の名前のあいだに居座っている。私は、まさにこのあいまいな空間にも宇宙整形によって変貌させられた顔や身体を位置づけたい。そのような顔や身体は**偽物の名前**や**偽名**のようなものなので、本物ではなく、奇妙で厄介なもののように思われうる。これは、たとえばラティーノ文化の外では宇宙整形に対する嫌悪が表れたものであると見なせる。他方で、私がこれまでに四苦八苦しながら指摘してきたように、**愛称**を偽物としてではなく装飾品として、真珠のイヤリングや流行りの帽子のようなものとみなすこともできる。そこでは、自らの身体・年齢・見た目に忠実であることと比して、本物でないというような問題は不適切である。まさにそれこそが、演劇的で非自然的なものへの愛としてのバロックの美学だからであり、そこでの浪費というのも、迷路のような国家の複雑性や官僚機構の腐敗、さらには神によって叙任された王の力と比べれば二次的なものに過ぎない。だからまさにこのようなやり方で、今日、宇宙整形の美学は現在の政治的な機構、猫かぶりどもの狂騒曲に浸透しているのだ。

「残されているのは自分の名前くらいね」。オリヴィア・モスタシージャは、宇宙整形によってアイデンティティを変更していったチュペータやグルーパーのような有名な犯罪者について、熱心に時間を取って詳細に説明した。それは力強い要約だった。「残されているのは自分の名前くらいね」。宇宙整形の奇跡に対する驚きを交えつつも、皮肉を込めて行った解説のクライマックスに向かう最後の一押しとして、彼女は熱弁した。いま、私たちは世界史の重大な局面にある。一人の人間のアイデンティティにとって必要不可欠なものと思われることの大部分とは言えないとしても、かなりの程度を占める外見を変更できる。魔法のように、他の誰かになることができる。醜い人が美しくなれる。太った人が細身になれる。老いた人が若者になれる。国家と懇ろな連続殺人犯が聖者の至福をもたらす微笑みを与えられる。かつての「あなた」、血肉を備え、重みをもち、丸みを帯びた身体と顔をもったもともとの「あなた」は、タバコの煙のように消え失せ、あなたという存在の生霊に付着したラベルだけが残される。あなたの名前というラベルだけが。まだ残っているとすれば。

無法地帯の法

ファッションはいままで、色とりどりの死体のパロディー以外の何ものでもなかったからだ。ファッションとは、女を使った死の挑発であり、忘れえぬかん高い笑いのはざまで苦々しくひそひそ声で交わされる腐敗との対話にほかならない。これこそがファッションである。(1)
——ヴァルター・ベンヤミン

普段は落ち着いているベンヤミンが自分のために残した大げさなメモによると、これこそがファッションである。隠喩が精巧に絡み合ったファッションは、こんなにも彼を突き動かす。**本当に**死ではないのか？　たしかに、それは言葉のあやに過ぎない。**本当に**腐敗ではないのか？　**本当に**色とりどりの死体ではないのか？　頼むぜ！　女を使った死の挑発！　マジで！

これは当時の話だ。しかしいまやすべては現実になった。少なくとも特定の地域では、おそらくあなたが考えているよりも、十分に現実的なものとなった。もちろん、ファッションは物象化された隠喩だ。魔力と人を惹きつける力がある。それはこれからも変わらない。しかし、このことは隠喩が現実になり、ファッションと死の二者が切り離せないものとして一体化していくことを排除するものでは決してない。ファッションは死に対して「〔あなたも私も、いつも地上の物事を壊したり変えたりしてきたじゃありませんか。〕お互いにやり方は違いましたけれど」と述べている(2)。「いつも戻ってくる」。仕立屋のペペはそう断言していた。「いつも戻ってくる」。作動している法則を見出し、喝采を送った。それは循環の法則であり、永劫回帰の法則である。

「ミシン縫いだ！」。鍵のかかったショーケースを誇らしげに指さしながら、ペペは大声で叫んだ。そこから、最近、コロンビアのイバゲで作ったチノパンを取り出した。チノパンは折り返しのあるワイドパンツで、フェルト帽、ベルト、タックインシャツとともに、男たちが百年にわたって身に着けてきたものだ。この組み合わせはクラシックスタイル《エル・クラシコ》と呼ばれる。

　街の中心から一ブロック離れた所にあるペペの店は、落ち着いており、かつての姿を思い出させる。それはあるべき姿でもある。古いレンガと竹でできた建物の天井は高く、内部は暗くこぎれいだ。木造部には小さな穴がいっぱいあいており、熱帯の気候に長年さらされてきたことを示している。天井から高い壁に沿って、たくさんのダークカラーの布が垂らされている。男物のスーツを仕立てるための布だ。部屋の中心には一〇フィートの高さの鍵のかかったガラスケースが置かれており、数点のシャツとズボンが飾られている。それは祭壇のようだ。〈品位〉と〈かつてのやり方〉のための祭壇。しかし、時間と流行が過ぎ去っても、彼の商売は順調だ。ぺぺはいつもそこにいて、精力的に手動ミシンを回し、人類の現状について笑いながら鋭く批評する。「流行遅れ」になって久しいものの、彼の「スタイル」には安定した需要があるという。ぺぺの説明によると、ジーンズやスニーカー姿では、都市のプランテーションや工場や企業の事務職員にはなれないからだ。このように彼は、時代を画するようなファッション戦争の移り変わりに対する反発心から恩恵を受けていた。二〇一〇年に彼の店から三ブロック先を歩いていたときに、危ないからそこから先には一歩も進まない方がいいと、私ははっきりと忠告された。その先には一九七〇年に私が一年以上も穏やかに暮らしていたブロックがあり、二年前までは恐怖や不安をそれほど感じることなく訪れることができていたのに。「紛争地帯」は急速に拡大しており、そちらの側にはぺぺの服を買う人は多くはなさそうだと私は考えていた。

しかし二〇〇九年にぺぺは、「若者ですらローライズを見限りつつある」と満足気に語っていた。毎月、若者は〔腰履きの位置を〕じりじりと少しずつ上げているのだと。しかし、去り際に、またここに来て服についてもっと話を聞きたいと私が告げたとき、彼はまた暴言を吐いた。「服！　服！

ああいうのは、服じゃねえ！」――少女や若い女性の服のことだ。彼の怒りは、彼が「いつも戻ってくる」と確信していることと食い違っている。彼は、顔を赤くして法則性がないこと（少なくとも、この形での法則性がないこと）に対して怒っていた。まるで、地獄と革命への水門を開くかのように激怒していた。

　このとき、私はペペにフローベールの『感情教育』を読んでいるところだと話していた。この小説は、革命の年である一八四八年のパリを舞台としており、立派なブルジョアの家で開かれたパーティーの場面が出てくる。

> 居間は女の客であふれており、背もたれのない椅子に身を寄せ合うように腰かけていた。女たちの身体のまわりに長い裾がふくらんで、あたかも波間からぽっかり上半身が浮き出ているかのようだ。ドレスの襟ぐりから乳房があらわに見える。女性のほとんどが菫の花束を手にしている。手袋のくすんだ色合いが二の腕の白さをきわだたせ、ドレスの房飾り、ネックレスの真珠が肩に垂れかかり、ときとして、少し身動きしただけでドレスが滑り落ちてしまいそうに見えることもある。だが、つつしみのある顔だちが煽情的な衣裳をやわらげていた。おちつきはらって、どこか動物的に見える顔もある。ともあれ、こうした半裸の女の群はハレムの内部を思わせるものがあり、青年の脳裡にはもっと露骨な比喩すらうかんだ。(3)

魔法とエロスについての本のなかでルネッサンスの自由奔放さについて議論しながら、ヨアン・クリアーノは、十四世紀における女性のファッションのラディカルな変容に注意を向ける。「〔『ランブール年代記』は、〕襟ぐりが下まで広げられたので、「乳房の半分までが見えるようになった」と述べている。イザベッラ・フォン・バイエルンは臍の近くまで切りを入れた「深襟の衣裳」を導入した。ときには胸は完全にはだけて、乳首は口紅を塗るか宝石の輪をはめ、あるいは穴を穿って小さな金の鎖を通した(4)」。

そういうわけで、私はペペに譲歩しなければならないことがあった。私の思いついた例は彼が望んでいることの正反対であったとしても、永劫回帰という彼の法則には多くの真実が含まれているように思える。クリアーノは女性の身体が開示されたことについて記しているわけだが、その驚くべき開示は十九世紀の首都において革命的な不確実性の時代にフローベールによって記録され、私たちの時代にも反復されている。とはいえ、コロンビアにおいて、あるいは今日の世界の大部分において、女性が全裸や半裸であることがあからさまに志向されていることが、回帰する循環の単なる一部になっているとは完全には信じ難い。私には、こうした露出は、コロンビアをはじめとして今日グローバル・サウスと呼ばれるようになった地域において、新しく新鮮なことのように思われる。ヨーロッパによる植民地化が始まって以降、とりわけキリスト教宣教団が裸であることは恥ずかしいことだと主張して回ってから、はじめてのことではないだろうか。いまや、カリ空港の本屋にある『レズビアンのためのカーマストラ』のような本で埋めつくされた棚を見れば、性革命が起きていることがわかる。五年前には考えられなかったことだ。

ベンヤミンは『歴史の概念について（歴史哲学テーゼ）』のなかで、ファッションは「かつてあったものの繁みのどこにアクチュアルなものがうごめいていようと、それを嗅ぎわける力を持っている。ファッションは過去のうちへの虎の跳躍なのだ」と書いていた。ぺぺならば、こうした未来へと逆流する奇妙なねりに同意して頷くだろう。しかしながらベンヤミンは、支配階級によって操作された「過去のうちへの虎の跳躍」と「歴史という広々とした場」における跳躍を明確に対比していた。そして、後者を「弁証法的」であると見なし、「マルクスが革命ととらえた」やり方だと考えていた(八)。なるほど、たしかに虎はいま跳躍していて、ぺぺのような怒れる人びとは、その行き先がどこなのかを正確にはわかってはいない。クラシックスタイルの男物の服の入った鍵付きのガラスケースを見よ。これは商品のショーケースというよりは祭壇である。そこには、ぼんやりと感じられる気づきがある。バタイユが考えていたように侵犯がタブーを強化する一方で、今日みられる侵犯のための侵犯は間違いなく「歴史という広々とした場」において衰えることなく続くだろうし、そこでは、規則と規則を破ることの緊張関係こそが、虎を駆動させている。ハキム・ベイが「一時的自律ゾーン」と呼んだものは、ここでは、一時的ではないだろうし喜ばしくもないだろう(5)。

一九三五年、テディ・アドルノは、後に『パサージュ論』と呼ばれるようになる一連のノートへと結実するプロジェクトへの助成を求めるベンヤミンの企画書を開封した。このプロジェクトの導きの光は明らかに奇妙だった。このプロジェクトは、ベンヤミンが資本主義によって眠らされ夢を見ているヨーロッパの「覚醒」と呼ぶものを包含していた。この覚醒は、古い経済的生産様式と新しい生産様式の相互作用によって生み出されるユートピアという願望のイメージを育てることによって達成されるものだった。ここにおいて私たちは、滅亡しかけている小農の生産様式と、化学物質・機械・耕地と水の独占にもとづくゾンビ化した工場的な農園の生産様式との狭間に捉われているぺぺの街を想起する。周囲にいる大量の失業者と雇用に適さない子どもたちは、耕地でも工場でもないどこか別の場所で働くことを見据えている。

技術というよりも、技術による約束の行き詰まりに向けて歴史は動いている。あなたは新しい力を見て思うだろう。なぜあれなのかと。どうして……これじゃないのかと。その一方で、近くの山に隠されている器用に手作りされた工場では、密輸するコカインを作るために素朴な技術が使われはじめている。となりで老人たちは、小農の手による農園の黄金時代を愛しげに思い出している。まるで、アラビア人に倣って私たちがパラダイスと呼んでいる農園であるかのように。

ベンヤミンが注意を向けたのは、技術による約束の行き詰まりが与える影響だった。十九世紀初頭、古いものと新しいものの混淆は、空想的《ユートピア》社会主義者のシャルル・フーリエやサン・シモンが夢見たようなSF的な幻想を生み出した。彼らは、産業革命における技術に潜在しているおとぎ話のような約束と一致するように、家族形態や性のあり方を経済的・社会文化的に根本から変革することを求めていた。集合意識のなかで呼び起こされた神話や幻想に接ぎ木することによって、技術は、階級なき黄金時代と共鳴する乳と蜜の流れる地を先導するために進路を変更することができた。ジヨン・ボールと一三八一年のワット・タイラーの乱と関係づけられた言葉「アダムが耕しイヴが紡いだとき、誰がジェントリだったのか」のように。

ベンヤミンの哲学仲間であるテディ・アドルノがこれらの騒然とした発想に苛立ちを感じていたのは、あまりにも一方的にユートピアに肩入れしすぎているように見えたからだった。地獄についてはどうなんだ、と彼は問いかけた。破局《カタストロフ》についてては、さらには疎外の前兆についてはどうなんだ。それは、ヨーロッパにおける初期産業革命のファンタスマゴリーの中に登場していたのではないか。この批判が興味深いのは、ベンヤミンこそが誰よりも先に歴史という収納箱に破局を放り込んでピンで固定したであろうからである。このことは、ベンヤミンのいうパニック状態にある歴史の天使からも明らかである。天使は、未来に背を向けながら時間をさかのぼってパラダイスへと前進しようともがいている。しかしパラダイスからは、「進歩」という名の強烈な風が吹きつけており、ほとんど前進することはできない。私は、ペペならわかってくれると思う。悔やみながら、しかし強い誇りをもって、鍵をかけたショーケースにエル・クラシコをしまいこみ、二ブロック東より先には歩いて行かないように断固として警告する。そこでは、イヴはかつてよりも露出度の高い服を紡ぎ、アダムは蛮勇の地で以前よりも深く耕していっている。

ペペの店よりも遠く離れた、道も通わないコロンビアの太平洋岸にある金山を有するサンタ・マリア・デ・ティンビキ村に目を向けよう。そこには、流れの早いセセ川の中で数十年以上も鉱夫として働き、落石に打たれた長いやせ細った足を持つ、とても老いた仕立屋のおじいさんがいる。グスターボ・セスベンという名の彼は、ただの鉱夫ではない。彼はいまでも、シンガー社製の足踏みミシンを用いて、男物のシャツや女物のドレスをつくることができる。そして彼は、女性の現代的なファッションに激怒している。「全部見せてるじゃないか！」。金切り声をあげ、腰を曲げて床を指し、かつての女性たちのドレスがいかに長かったのかを示した。

驚嘆を生み出すグスターボのミシンについて考えてみよう。彼は、古い布のスクラップからとても美しいベッドカバーを作りだす。古いブルージーンズ、古いシャツ、古いスカート、古いブラウス。流れの速い川の水や鉱山の泥と岩のなかに身を置きながら、長年にわたって村人が仕事をするなかで引き裂かれたぼろ布や切れ端。私は、ベッドカバーを一つ購入した。ざっくりとした縫い目、素晴らしい色合い、無地と柄物の四角形の布のきちっとした配置。紫、光沢のある灰色、黄、ダークブルー、水色の地に青い水玉があり、ピンクと黄色の花柄が散りばめられた素晴らしい薄黄色が、微妙に互い違いにずらされながら配置されている。他所ではまず手に入れることができないだろう。グスターボは、ミシンの側に裸足で座り、ベッドシートを目の前に広げた。布が大きな花のようにふわっと膨らみ、セメントの床の上に落地した。ここに歴史が開花している。美という花咲く野原に「甦った」のは、仕事のなかで擦り切れ、いくたびも継ぎ当てされた過去の断片である。その野原には、アドルノが述べた差し迫る地獄に劣らず、ベンヤミンがほのめかしていたユートピアもが示されている。

世界の中でも相当に孤立している霧深い川の源流域の奥深くにあって、ここサンタ・マリアでは、

学校は少年たちにイヤリングやローライズを身に着けることを禁止し、シャツをズボンのなかに入れることを求めている。多くのローカルルールと同様、これらの規制は陰口と慣習によって押しつけられており、力によって強制されることはめったにない。そうなれば流血の惨事になりうる。少女が肌のどの部位を露出するのかも定められている。けれども、学校の外では、子どもたちはやりたいようにやっており、堕落の大中心地である内陸の大都市との距離は日々縮まっている。実際、内陸部への本物のホットラインも存在しており、殺人やそれ以上の悪事を犯して逃走中の子どもたちが、なんらかの家族のつながりを頼ってジャングルのなかの村に身を隠すためにこっそり戻ってくることもある。この村には、ブラック・イーグルスとして知られている恐ろしい民兵組織の構成員すら幾人か潜伏している。彼らは最新の髪型や服やアクセサリーを身に着けた若いヒップスターだが、決して他人と目を合わせない。流れの速い川に沿って二階建ての木造住宅が並んいる村に一つしかない道を、こなれた感じを装いながらぶらぶら歩く彼らの姿はひどく奇妙だ。彼らは間違いなくたくさんのアウラをまとっている。歴史の凪から吹き出した黒い排ガスのような、傲慢さと邪悪さの入り混じったアウラだ。人びとは彼らを恐れている。ジャングルのなかの辺境の町にさす一筋のファッションの光が、プロの殺し屋でなければならないだなんて、ひどく奇妙だ。あるいは、彼らはただのかわいらしい善良な少年たちで、自分たちの好きなように着飾っているために、雇われた暗殺者と誤解されているということもあるのだろうか。

ファッションは、かつては永劫回帰の法則に従っていたのだろう。侵犯はタブーを宙づりにした

だけで、破壊することはなかったのだろう。しかし今となっては、そんな日々は痛ましいほどに無邪気なように思える。今では侵犯のせいで、タブーの周囲にグルグルと循環する渦が湧きかえっている。二〇〇二年に八十五歳に差しかかった歴史家のエリック・ホブズボームは、「われわれは最初の世代だ」と書いていた。「われわれは、これまで人類を家族や共同体や社会にまとめあげていたルールと慣行が、もはや働かなくなった歴史的転機を生きた最初の世代である。それが働いていた社会がどんな社会であったかを知りたいと思われるなら、それを語ることができるのはわれわれだけである。そのような社会に帰れるかどうかをお考えなら、帰れないというのがわれわれの答えである」(6)。これがホブズボームのいるロンドンから遠く離れているのにもかかわらず(そのことが彼の主張の一部なのだが)、ペペとグスターボ・セスベンが金切り声をあげる理由だ。

歴史についてはもういいだろう。変化についても十分だ。豊富な経験と熟練の判断力をもつ老歴史家が、変化とその強度を取り出して印づけている。この変化を別の名前で、たとえば若者の反乱と呼ぶこともできるだろう。そうすれば、抗う若者という古くからある物語に照らして、私たちの時代に特有な反抗の一つとしてより適切に位置づけられるかもしれない。しかしいまや、若者の周りでは異なる世界の形成が行われているのではないか。世界史に何か新しいことが起きているのではないか。

一九七〇年代と八〇年代にコロンビアの農村部でどのように身体が、とりわけ若い女性の身体が呈示されていたのかを思い返してみると、今日の変化を語るには「ラディカル」という表現でも十分ではない。ここ十年足らずのあいだに起きたことは圧巻である。そしてこの特定の転換は、大きな変化の一部でしかない。従来の服装や美的規範に対する挑戦としての変化であるだけでなく、まさに権威の性質に対する挑戦としての変化なのである。かつてチェ・ゲバラはニューマンの到来を予言した。そう、彼女はここにいる。

実際、私たちはさらに先に行くこともできるだろう。ジグムント・バウマンは、兵士／生産者の「近代的」な身体と消費者の「ポストモダン」の身体を区別している。前者は厳格に訓練された働き戦う能力によって評価されるが、後者は消費する能力によって評価される。消費する能力とは、バウマンによると、「欲情する能力であり、心地よい刺激に繊細に波長をあわせた感覚であり、進んで新しい感動を吸い上げる構えであり、新しい、未検証の、したがって心躍る経験に開かれていること」である。この身体は快楽の道具である。規則に統御された生産者の身体とは異なり、「規範を破壊し、規範を超えていく」身体である。(7)

バウマンはここで、身体に関して、死と宗教のある種の共生関係が健康と医療の礼賛へ道を譲っているという、もう一つの重大な対比を提起しようとする。しかし、第三世界の貧しい人たちのなかでは、異なることが起きていたのではないか。「ポストモダンの身体」は、宇宙整形の礼賛と一体化した死の解放へと姿を変えている。死は、観戦スポーツのように道を闊歩している。生命は、脂肪吸引された身体のように、安っぽいというよりは虚像である。

規範の破壊と規範の超越（つまり美女**と**野獣）の歴史が、私が描いてきた美の歴史の条件になっているとするならば、ファッションの技芸は、「未来なき者たち《ロス・シン・フトゥロス》」や「ダンディーズ」のようなギャングの名前に明白な形で表れている。新しい存在のあり方は、「ダンディーズ」のメンバーと同様に「未来なき者たち」のためにも生み出される。名前は、歩き方、銃の扱い方、髪の整え方、音楽の聴き方、女と一緒にいるやり方、数ドルやスニーカーや自転車や携帯電話やバイクのために誰かをぶちのめすやり方を示唆する。世界の終わり《ロス・シン・フトゥロス》であるとアイロニーを込めて受け入れることとダンディズムの共存は、新しい生のあり方としてのファッションについて物語っている。それは、死を志向する生であり、手榴弾の破片に満ちた生であり、とてつもない殺人件数にまみれた生である。そして、父のあり方の完全かつ徹底的な拒否であり、かつての社会のあり方に適合することの拒絶なのである。

「ファッションは、商品のための葬儀だ」。ヴォルター・ベンヤミンはそう書いていた。一九三〇年代の西ヨーロッパでのことである。第三世界の現在に話を早送りすると、死がファッションの儀礼となっている。土地を持たない子どもの両親たちは、日差しと雨に打たれながらも、不平をこぼすことなく、サトウキビ・プランテーションで用水路を掘ったり収穫を行ってきた。あるいは、都市部において二週間に半日の休みしかもらえない住み込みの使用人として働いてきた。現在の子どもたちはそんなことはしない。そして、ここがポイントだ。こうした理解しがたい若者によって構成されているギャングたちは、ゲリラや軍や民兵組織の手によるものを含めたコロンビアにおけるすべての殺人のおよそ八〇パーセントを行っているとされるのだが、これらのギャングが行っていることは、機械と化学物質が彼らの周りの自然に対して行っていることとまったく同じなのではないだろうか。ファッションについても同じだ。死の儀礼もそうだ。それぞれが異なる美学を伴っているとしても。

　これらすべての上を、黙示録の約束、すなわち終末の到来が覆っている。**私たちには未来がない。**エヴァンジェリストの教会がキノコのように続々と出て来る。人びとは、日曜日〔に教会に行くため〕の晴れ着を曜日にかかわらず毎日着て、身体を震わせて泣いている。彼らは収入の一〇パーセントを強欲な牧師に支払い、頭だけ未来の世界で生活しながら身体がついてくるのを待っている。そうして身体を震わせながら泣いて、足を引きずって次の葬式に行く。また親戚の若者が、別の親戚の若者に撃たれたのだ。そして実際には、彼らは終末を待つ必要はない。終末は、ファッションの狂った性的な美しさのなかで、そして周囲の土地や人びとが破壊されるなかで、すべてを取り込みながら進行している。

　美女と野獣は手を取り合って歩く。一方の存在が他方を示唆する。それ以外にはない。地下世界のセックスと栄光と神秘は、日々、より強く、より奇抜な形で浮上している。死と地下世界は独自のファッション・ランウェイを持っている。ギャングが仲間の手で埋葬されるのと同じことだ。ギャングたちは墓地にある壁の上に立つことで、死者にまつわるタブーを馬鹿にしながら、死それ自体には敬意を表している。あらゆる点で、彼らは、食肉処理場の崩れかけたレンガの壁の上で肩を寄せ合うコンドルに似ている。その六ブロック先には、かつては楽しい水路であった川がある。

むかしむかし、墓地は教会を育てていた。教会に死体の聖なるエネルギーを備給し、それを教会は聖なる力に変えた。他方で、コンドルのとまり木となっている街の中心にある食肉処理場は、この循環から分かたれており、川のそばで腐った泡に包まれたままだった。しかしいまや新しい摂理のもと、食肉処理場の持つ「負の聖性」が教会による魂の吸い上げに取って代わり、まさに今日の世界でうごめいている新しい聖なる力を定義するようになっているように思える。この新しい聖性とは、より正確には何なのだろうか。なぜ神の死のあとに、新しい神なのだろうか。それは侵犯そのものだ。新しい天使あるいは堕天使は、いまや、墓場の壁の上にとどまり、大音量でラップとレゲトンをかけている。「ダンディーズ」と「未来なき者たち」は死をめぐる新しい儀礼を創出したのだ。

墓地の外に集まった群衆は恐怖をもよおす。身の毛がよだつ。しかし、嫌悪のなかにあって、惹きつけるものはなんだろうか。群衆は身体を前後に揺らしている。撃ち合いがすぐ始まるという噂が流れる。誰が？　どうして？　狂っている。私たちは、その理解しがたさに惹き込まれる。ちょっとした徴候で群衆はパニックになり、右へ左へと動く。まるで浅瀬を横切る影の幻に追い回される魚の群れのようだ。最後に私が近づいたときには、ギャングではなく警官が壁際に肩を寄せ合って立っており、まるでコンドルのようだった。

旅客機が頭上を通過する。その週の後になって、二〇〇七年八月十二日に、エル・ティエンポ紙にブラジャーとショーツをだけを身に着けた若い女性の写真が掲載された。平然と腰に手をや

日刊エル・コメルシオ紙（エクアドルのキト）。

り、首を傾げ、その後ろに流れるような黒髪をたらし、口をすぼめ、顎を突き出して立っている。上空三〇〇〇フィートを飛行する、キトとグアヤキルを結ぶ定期便の通路で撮られたものだ。二人の中年の男性が座席から直立したまま釘づけになっており、その瞳はかけている眼鏡のせいで実物より大きく見える。別の若い男は座席についたままで信じられないという表情をしている。報道によれば、この空飛ぶキャットウォークにはこのような女性が数人おり、ファッションを大空にはばたかせるために、エクアドルのメゾンであるレオニサのデザインを展示していたという。

私がたどってきた美の歴史は、このように死と飛行の結びつきのなかにあるのではないか。犯罪者の地下社会で丹念に着飾った少女と少年であふれる墓地のはるか上空では、半裸の女神がファッションを誇示している。宇宙整形に身を委ねる私たちの時代にふさわしく、はるか昔の宇宙論に放り込まれたようだ。現代のシャーマン神学者たちが愛してやまない世界軸《アクシス・ムンディ》を上って、天上に至るまさにシャーマンによる飛行である。ただ、このケースにおいて私が見出したのは、規範を超越した空飛ぶ女性の身体と、地下世界《アンダーグラウンド》が墓の下《アンダーグラウンド》に流れ込むギャングの死体とが結びついていることだ。汚水で満たされた墓地が地下世界の法と出会い、生者たちは着飾って見守っている。このようにシャーマンが天上や地下世界へ飛行しているというのは、疑うことなく、奇抜な発想ではある。まるで、はるかかなたの昔に起きていたことのようだ。そのころ、シャーマンはいくばくかのことを知っており、色や花や極上の香りによって開かれる身体の輝きの中に美を見ていた(8)。そして私は、墓場でおどけたラウールがしてくれた話を、七十代にしてバイアグラで活力を得て快楽のなかで死んだ男のことを思う。そして同じように勇気づけられたものの、めったに上昇することはできず、ここでレゲトンを歌われながら永遠の眠りについている多くの若い男たちのことを思う。私はディオニュソスのことを思う。半神半人であり、半分女でもあると考える人もいる。人間であると同時に動物でもあるとされ、激情と踊りの才能をもち、薬物に溺れている。神の狂気としてのトランス、演劇、擬人化、ミメーシスに固定されている。そして、神秘的な死者の領域をめぐる儀礼と神話についてはみなさんの知っている通りである(9)。私は、数ブロック南にあるニマの美容室を思う。彼女が施すことのできる美の魔法はこんなにも近い。墓地の骨と不浄な土が生み出す邪術とはこんなにも近い。美の歴史。どうして奇妙に思えるだろうか。

タブーな割れ目

私は脂肪吸引の技術についてもう少し学びたいと思い、部分脂肪吸引術が行われているカリの公立中央病院の宇宙整形外科を訪ねた。そこでは、脂肪吸引は美容のためではなく、医学的な理由で実施されていることになっていた。助手が苦労して探してくれたおかげで、外科医は滅菌された青と白の布に包まれた、典型的なリポで使われるカニューレを五つ見せてくれた。およそ一八インチの重い金属のチューブで、片方の端にはしっかりした持ち手がついており、もう片方には穴が開いている。床にはステインレス製の真空ポンプと、カニューレを通じて身体から吸い出される脂肪と血液が入ることになるガラス瓶が置かれていた。外科医は、脂肪吸引術は身体を彫刻する《スカルプティング》ことを目的として、フランスで始まったのだと言った。

私は、この「身体を彫刻する」という言い回しをすでに何回か耳にしていた。そして、この表現に心を動かされたと言わざるをえない。ボトックス注射でしわを取ること、あるいは鼻や笑顔に宇宙整形を施すことが自然への著しい侵害を示しているのであれば、身体を彫刻することはどれほど激しい侵害であり、どれだけより宇宙的なのだろう。

この言葉を聞いて、土から人間を作った創造者である神のみならず、どういうわけか、氷の彫像のことを考えた。おそらくは、可鍛性のある土とは異なり、氷は清浄で純粋で硬く、それでいて壊れやすく、彫刻家のアイスピックに対しては受動的であるからだろう。あるいは、彫刻家のノミによる打ち込みと同じくらいの攻撃とは言わないまでも、それと同じような力を、宇宙整形医のメス捌きに感じとったのかもしれない。さらには、おとぎ話に登場する何かのように、氷の彫像は悲劇的に短い生を運命づけられている。だからこそ、輝かしいわずかな時間の後に萎んでゴミくずになる運命にあるバタイユの花のように、奇跡のようで、美しい。氷の彫像は人間が暮らすことのできる温度で溶けてしまう。宇宙整形と同様、長く保つことはできない。

そして、おとぎ話のなかで起きるように、もともとフランスで行われていた脂肪吸引の方法は、有名なバレリーナがカニューレの鋭利な断面で動脈を切断されて亡くなった直後から、数十年にわたって完全に途絶えていたのだと外科医は続けてくれた。美女の野獣を探しにいく必要はなかった。物語の最初から野獣はそこにいた。そうでなければ、私は道に迷っていただろう。病院の二階にあるリポの心臓部を探す際、何度か迷ってしまった。途中で中庭に積まれた瓦礫の周りを歩いていると、ガーゼのマスクを着けた男が遺体を載せたストレッチャーを動かしているのに驚かされた。遺体の顔は覆われていたが、裸足の足が飛び出していた。後日、あの裸足の足は悲しいバレリーナの話に対する心構えを促すものだったのではないかと考えた。同時に、遺体の顔を覆うことは、死者に対する敬意の徴であるだけでなく、死によって照らし出された生前の顔が持つ神秘的な意義を承認することであることにも、心を動かされた。

宇宙整形の遊び場としての顔が、神聖さを有していることについてはもういいだろう。しかし次に検討すべきものとして、脂肪がある。愛される分だけ憎まれており、人間の顔に引けを取らないくらい聖性を帯びたものである。少なくとも直接的には、まったく性的でも、魂が入っているわけでもないが、脂肪には間違いなく、形而上学的なものと魔術的なものが充填されている。私には、人間の脂肪について考えることなく人間の顔について考えることはできないように思える。顔と脂肪は、より大局的な枠組みからみると、同類である。しかも脂肪は、顔よりもさらにおとぎ話に適している。脂肪吸引で取られた脂肪が魔術で使用するために売買されているという話はその最たるものである。スイスのある新進アーティストは、彼の作った石鹸が汚職を洗い流すことができると言いのけた。その石鹸は（二〇〇五年時点で）、一万八〇〇〇米ドルで売られている。「きれいな手」という名前のこの石鹸は、イタリアの首相シルヴィオ・ベルルスコーニから吸引された脂肪で作られている。ベルルスコーニは立派な体格の男だが、その理由がわかっただろう[1]。

ホンジュラスで二年以上暮らしたジョン・カーターが私に教えてくれたのだが、二〇〇五年に、当時は金持ちにしか手が届かない施術だった脂肪吸引で得られた脂肪が、高価なフェイス・クリームを作るために利用されていると、都市部の貧しい人びとから何度も聞かされたそうだ。そしてさらに遡って、一九九九年に公開された映画『ファイト・クラブ』の一部を見せてくれた。主人公たちは脂肪吸引クリニックのゴミ箱から人間の脂肪を盗み、高級石鹸を作っていた。こうして「奴らの肥えたケツからできたもの」を金持ちに売りつけて大儲けしていた。窃盗団の一人は、人間の脂肪から作られたグリセリンは純度がとても高いので、硝酸を加えればダイナマイトを作れるとつけ加えていた。

ナカクの物語についても考えてみよう。悪霊ナカクは、ペルーのアンデス山脈に住む先住民を眠らせて脂肪を抜き取り、それを使って薬を作り、機械に油をさし、教会の鐘を鋳造し、聖人像の顔に艶を出す。その結果、犠牲者は少しずつ死に至るか、長期にわたる鬱病に苦しむことになる。

ここにも歴史が作用しているのだろうか。アンデスのインディオがスペイン人に対して起こした最大の反乱の中心にあったのは、スペイン人がインディオの身体の脂肪を集めてスペインに輸出し、当地の人びとのために薬を作ろうとしているといううわさ話だったことを思い出してほしい。これこそ十六世紀中葉に起きたダンス病《タキ・オンコイ》の乱だった。

インディオがヨーロッパ人に対して不気味な信念を持っていて、彼らが脂肪を欲していると信じ込んでいたというだけではない。コルテスの副官の一人で、有名な年代記編纂者であるベルナル・ディアスは、メキシコを征服する際にスペイン人の兵士たちがインディオの脂肪を、自分たちや馬の傷を癒すためにどう使ったのかを説明している。

神秘的もしくは物理的な手段を用いて敵の腎臓から脂肪を取り出す行為は、一九三〇年代のオーストラリア北部のデイリー・リバー地域の先住民たちにとって悩みの種だった。人類学者のW・E・H・スタナーが取り扱った事件において、ある先住民の男は、自分の甥の脇腹に切り込みが入っているのを確認し、殺人者は人間の脂肪と赤土の入った缶をもっていたと公言していた。スタナーは次のように説明している。人びとは、「生命を育み守る特性を持つと考えられている人間の脂肪のために、実際に、切り裂いていた」(2)。「実際に」、という語に注意してほしい。

ここで私たちは、前近代の、近代の、さらにはポストモダンのというように、脂肪の異なる位置づけを区別することができるだろうか。スペイン人が求め、そしてナカクが求めた脂肪は、人間の本質にとってまさに決定的な物質《サブスタンス》だとみなされていた。それを取り出された人は死に至るか、少なくとも魂を擦り減らすと考えられ、同じ理由でそれを受け取った人びとに活力を付与するような物質であった。それとは対照的に、近代の脂肪はそれほどあからさまに魔術的ではなく、西洋においては、(ルーベンスの《鏡を見るヴィーナス》の女性のように)性的魅力と(二十世紀まで科学的な心理学の中にあった)内胚葉型(九)の陽気な男性のあいだを浮遊している。他方で、ポストモダンの脂肪は一八〇度転回し、まったく異なる形で魔術的になっている。卑しむべきもの、嫌悪されるものであり、そうあるべきでは**ない**ものとして定義される。旧植民地ではどうかと言うと、最近、ナイジェリアの小説家が次のように述べていた。アメリカに住むようになってもっとも驚いたこと、本当に奇妙だと感じたことは、ナイジェリアでは富める者が太り、貧しい者が痩せているのに対し、アメリカでは正反対なことだ、と。

このように、どんな時代や場所であっても、脂肪は、極めて大きな意味を帯びた物質として表れる。だからこそ、二十世紀のもっとも独創的なアーティストの一人であるヨーゼフ・ボイスの作品において、このように衝撃的な効果を引き起こすのだ。ある人にとっては神秘的でシャーマニックですらあるアーティストであり、他の人にとっては本質主義的でファシストですらある人物であり、さらに他の人にとってはラディカルな環境主義者であり労働者階級の味方であり学生に好意的な民主主義者である。そんな彼の脂肪をめぐって、批評家たちは相対立する評価を狂ったように交わしている。それが脂肪だ。

脂肪に極めて大きな意味を帯びた両義性があることを痛感させるのは、想像できないレベルの肥満のとなりにコカインによって引き起こされた拒食症的な痩身が実体としても理想としても存在しているという、今日みられる目の覚めるような対比である。

『ガリバー旅行記』には新しい章が必要だ。

脂肪吸引クリニック訪問後に病院を出たあと、私が至るところに脂肪を見出したとしても無理のないことだ。脂肪はこんなにも豊かな神話を持っている。輝くガラス瓶と脂肪を吸い出すステインレス製のポンプとともに病院で目撃したことは、はるかに古くから続く物語の一コマに過ぎなかった。そして、青と白の布に丁寧に包まれたカニューレ（私はこの単語が大好きになった）についても忘れてはならない。私の生活は変わってしまった。いまやスーパーモデルのように、あちらこちらに見える肥満に対してものすごく敏感になってしまった。

私の周囲にいた若い、あるいはさほど若くない女性たちはみんな、裾の短いブラウスからへそを出し、タイトなローカットジーンズのうえに膨らんだ脂肪の塊をのせていた。間違いなくリポの候補者だ。そして、前かがみになったりしゃがんだりすると、タブーとされている臀部の割れ目があらわになる。そこはしばしば、花や幾何学模様《コズミック・デザイン》のタトゥーで装飾されていた。

「お尻の谷間《バット・クリヴェッジ》」という表現が、タブーな割れ目を指すために使われていたのを、二〇〇八年にニューヨークのラジオで聞いた。大衆小説についてインタビューを受けていた饒舌な作家は、彼の本の表紙について尋ねられ、一九五〇年代はもっとあからさまだったと答えていた。当時は本の表紙に女性のヌード写真を使うこともできたが、今はできない。絶対に無理だ、と彼は言う。今や本はウォルマートなどの巨大店舗で販売されるのであり、アメリカの消費者の良識を守ろうとしている巨大店舗はそのような猥褻性を許さないからだ。最近、ウォルマートは、「お尻の谷間」を見せすぎていることを理由に作家の本を回収させた。インタビューをしていた女性は、その単語を聞いてクスッと笑った。作家自身も、そのときにはじめて聞いた単語だったと認めた。想像してみてくれ。ウォルマートによる発明とまでは言いすぎでも、新語が作られたのだ。これらのすべては、ファッションの突き上げ《バット》を受けつつも、タブーがいまでも健在であり続けていることを示している。

ニューヨーク州北部にある私の自宅近くの道沿いに店を構えるメカニックのことを思い出す。かなり太った男で、車のエンジンを覗き込もうとして乗り出すと、いつも油で汚れたズボンがずり下がり、タブーな割れ目が大胆にあらわになる。最終的には、これはどうしようもない、一刻も早く売った方がいいですよ、といつも言うので、知り合いの若い女性たちは当然のごとく「最後の審判《クラックオブドゥーム》」と（陰で）呼んでいた。彼女たちは、間違いなく永遠の詩心を捉えている。一九三七年のパリで、他ならぬロジェ・カイヨワによって記されたファッションに関する論点を思い起こさせる。ファッションのまったくもって取るに足らない細部は研究する価値がある。そうした細部は、いとも簡単にモラルと哲学の問題に転化するからだ(3)。しかし、北部の若い彼女たちはもっと詩的だ。

思い出してみると、私が一九六九年にはじめてコロンビア西部に来たとき、都市であろうと農村であろうといかなる社会階級であっても、田畑や農園で働いているときを除けば、女性たちがズボンを履くことは一般的ではなかった。彼女たちは決してローライズなど履かなかったし、想像するだけで屈辱的だと感じただろう。タブーな割れ目があらわになることなど、物理的にも文化的にも、まったくもって絶対に無理だった。あのときと比べて、世界は小さくなって、ローライズは広まった。しかし面白いことに、侵犯に関する緊張の大部分は変わっていない。より多くの女性たちの肌がさらされている。この意味で、タブーは破られた。しかし、本当に破られたのだろうか。いまや、姿勢に応じて割れ目は見えるようになった。しかしカリ空港の突き出した胸と同じように、それは目に見えるものであると同時に、見えないものでもある。

この見えていると同時に見えていないという暗点のある視野をどのように「説明」しはじめれば

いいのだろうか。フロイトは、幼い男子が母の存在しないファルスを積極的に（あるいはそうでなくとも）見ようとするが見ることはできないと夢想していたが、しかしこれは本当に侵犯に伴って引き起こされるより一般的な現象の単なる一例なのだろうか。結局のところ、この幼子の（いわゆる）盗み見よりも逸脱的なことはあるのだろうか。偶然なのか意図的なのか、この夢想は別の侵犯の創始者を思い起こさせる。すなわち、善悪の知識の木の果実に手を伸ばしたのにイチジクの葉を手にすることになった、エデンの園のアダムとイブだ。

　侵犯の瞬間において、人は見ると同時に見ておらず、したがって両義性と奔放《ワイルド》な想像に満ちたあべこべの世界に入っていくのではないだろうか。創世記について言えば、これらの想像は教訓譚《グッドストーリー》の形式をとる。男性的な要素に善が、女性的な要素に悪が振り分けられることになった発端を現在まで伝えるほどよくできた物語だ。精神分析によれば、タブーが侵犯されるときに奔放な想像に従属することになるのは、ヴィジョンそのものである。私たちは秩序が失われた荒野に投げ出され、時間を超越した、神話と葛藤と興奮とそして恐怖に満ちた空間が創造されることになる。そこでは、高エネルギー波の起伏によって正常性がかき乱される。これこそが侵犯であり、不安定性であり、シュルリアリスムにおける「驚異」がそうであるような、現実に対する一撃《キック》である。ルイ・アラゴンがパリの薄汚いアーケードで見つけた光のように、近代以前の時代に支配的だった神話に対抗するものである。ただし、そうした近代以前の時代はいまや一八〇度転回し近代になってしまっているが。「むきだしの脚にまくれ上がったスカートの下で、突然ぱっと明るくなる、海緑色の、いわば深海の閃光(4)」。

タブーな割れ目を見ることで、人はルールが破られていることを認める。あえてそれを見ないようにすることで、人はルールを受け入れる。

これにつけ加えておくべきは、新しいファッションにわくわくするのは、**すぐに当たり前のものになり死ぬことになるからだ**という明白な事実であろう。この知見の自明性によって看過されるのは、この知見を繰り返し述べることに伴う愉悦である。まるで、この指摘自体がファッショナブルであり、死にゆく運命にあるかのように。新しさを謳歌することは大いに喜ばしいが、その終焉を宣言することはなお一層喜ばしい。美しさと美しさの持つ獣性は、このむち打ち効果のうちに存在している。このことは、タブーな割れ目の不可視性が目に見えることによってあらわになった、タブーと侵犯についての論理と並行関係にある。

このことについて、ベンヤミンは挑発的な比喩を用いて表現している。昨日のファッションは色気が無いだけでなく、まったくもってそうなのだと。ファッションにおける色気のあるなしが急に浮上してくるのは、ファッションの循環をめぐる生と死のリズムに依存している。このリズムは、タブーの侵犯と同じように、波のうねりを作り出す。昨日〔遅れたもの〕と明日〔進んだもの〕、規則と規則破りのあいだに宙づりにされた私たちは、この波に乗って旅をする。ファッションの最先端を進むとき、私たちは、創造的であると同時に創造されたものでもある社会的客体として花開くことになる。社会学の父であるエミール・デュルケームが、宗教とは自らを崇拝する社会であると論じたのであれば、ファッションについてはこの言明はどれほどより一層当てはまるだろうか。ファッションという肥沃な境界では、異なってはいるものの異なりすぎてはいないものたちがせわしなく動き回り、元に戻ったりやり直したりすることで、社会契約が強化されている。もし私たちがファッションに割り当てられている短いタイムスパンをないがしろにし、ファッションよりも長生きするならば、輝きを失い、ベンヤミンがまったくもって色気が無いと評した底なしの世界へと陥ってしまう。恐ろしい話だ。

かくして、社会を構成する二つの波は混じりあい、組み合わされる。ひとつはタブーの侵犯と回復であり、もうひとつはファッション・サイクルの満ち欠けである。

しかしながら、これはあまりにも整理されすぎており、社会学的《ソシオロジカル》というよりは、論理的《ロジカル》ではないだろうか。今日起きているのは、侵犯されたのちに息を吹き返すというタブーが持っている力能を抑圧するような何かなのではないだろうか。ファッションにおいても、「ウォール街を占拠せよ」の運動にしても、アラブの春にしても、世界中で起きているのは、平常運転を拒絶することであるように思える。世界は、経済と環境が破壊される瀬戸際にあり、社会は宙づりの状態になり、社会契約はまさにいま進行中（ゲームをしながら自らを発明するゲーム）となっている。そこでは、私たちが「タブーの構造」と呼ぶものは、もはやこれまでに考えられていたような形では作動していない。これは、アノミーや無規範状態以上のなにかである。タブーが侵犯につぎ込むエネルギーから生起する挑戦と発明が永遠に続く状態であり、ここにおいて、人間の身体が他の種類の身体に変態し、存在と非存在の異なる状態に入っていくような、身体を離れた経験が作り出されている。

この規範の宙づり状態には、並外れて興味深い緊張がある。そこから、新しい欲望、新しいファッション、新しい人間の存在のあり方が解き放たれるからである。この意味で、規範の宙づりは、存在のあり方に関する持続的な実験を伴う、より公正な世界を求めるアナキズムの源泉である。ただし同時にそれは、近代のあらゆる恐ろしい側面、つまり、人間と環境と伝統を一掃する新しい経済的生産の形式を呼び起こしうるものでもある。これはまさに、驚くほど短期間のうちに私の町の周囲の景観に、つまり「世界の身体」に起きたことである。だからこそ私は、タブーな割れ目についてベンヤミンの提言を参照しながら考えてきた――確かに超現実的だし、確かに驚異だ。ファッションは、無生物や物質《サブスタンス》の世界へと誘う霊的な旅のように私たちを運んでいく。この物質にはもちろん人間の身体も含まれているのだと言っておくべきだろう。タブーの特権的な領域として、身体は極めて見事に自然から文化を切り離す一方で、人間の歴史と自然の歴史がお互いを揺るがし合うような狂った渦のなかで両者を混ぜ合わせてもいるからである。

女性の身体とファッションについての思索のなかで、ベンヤミンは、女性の身体についての夢想的な風景と考えられているものにおいて、死と結びついたエロティックな要素が表れているのではないかと指摘している。このような風景は人類学で知られていないわけではない。ただし、そこでのバランスは、死というよりは生に、侵犯のもつ宇宙論的な意義に振られている。たとえば、マックス・グラックマンは光をまとったズールー人のある女神について記述している。二十世紀中葉に南アフリカの部族民に説明されたところによると、彼女は天から降りてきて、ビールの作り方、植物の育て方、有用な技術の扱い方を教えたとされる。春が来るたびに、光で着飾った女神は戻ってくる。女神に目を向けると、彼女は美しい景観に見える。身体のある部分には青々とした森が、他の部分には緑で覆われた斜面が、また他の部分には耕された土地が見える。彼女がこのように戻ってくるときには、人間によってタブーが破られる。タブーは、**破ってもよい**のではなく、**破らなくてはいけない**。少女たちは男のように着飾り、武器を持ち歩く。車を運転し、牛の乳を搾る。これらの活動は、他の時期には女性にはタブーとされている。ときに、衣服を脱いで裸になることもある。男と少年は恐れ、隠れる(5)。

資本主義的でも市場志向的な社会でもなく、言葉の大部分の意味において、「ファッションが中心を占めるような」社会でもない。グラックマンによって記述されたこのズールーの世界は、光をまとった女神にもたらされる芽吹き《スプリング》の儀礼の始まりを告げる「女性化された」風景である。ここでは、自然が生に混ぜ込まれる。侵犯の衝撃が宇宙を切り裂き、女が男になり、本物の男は脅えて姿を隠す。だが、この侵犯には終わりがある。終わりがあるからこそ春が、そして永劫回帰が可能になるのである。

しかし、ベンヤミンが、資本主義経済とそのエートスの歯車としてファッションを喚起していていたことに鑑みると、生ではなく死のなかの生こそが風景としての女性、そして女性としての風景という夢のイメージを導いている。先に引用した、ファッションについてのベンヤミンの言を見てみよう。「ファッションはいままで、色とりどりの死体のパロディー以外の何ものでもなかったからだ。ファッションとは、女を使った死の挑発である」[6]。このことは、(一五五頁に掲載されている)サトウキビ畑で刈り取り作業をする女性たちの写真について考える方法を示唆している。前景——白い服を着た、いや服ではなく埋葬布をまとった女性たち。たくさんの女性。あらゆる角度から、大地をつかむ杭が空を支えている。バランスを欠いている。歴史とのバランスを欠いている。背景——背後に闇が写っている。小農たちの死にかけている畑だ。畑から白をまとって現れた女性たちに戻ろう。ベンヤミンには、追求すべき彼自身の神話があり、それはズールーの春のイメージを反転したもののようだった。その幻想は、女性としての風景という夢のイメージが死の谷へと案内されるというものであり、そこでは「乳房が大きくふくらんで、地球のように森や岩に一面包まれているようなことも珍しくはない。そうしたときには視線はその生命を、谷底に微睡む水面の奥深くに沈めこむ」。ファッションはこのような視線を「もっと深く物質の世界」へと誘い出す、とベンヤミンは主張する[7]。これは、タブーな割れ目へ向けられたまなざしが、もっと深く物質の世界へと誘われたときに起きることでもあるのではないだろうか。

太った子どもと悪魔

死んだバレリーナ、ストレッチャーの上の遺体、脂肪吸引クリニックの外科医の尊大な冷静さ、赤ん坊のように丁寧にくるまれたカニューレ。これらのイメージにすっかり夢中になったあと、私はバスに乗って住まいのある貧しい町へと向かった。十五歳くらいの太った若い男が高価な服を着て、運転手の隣にゆったりと座っていた。彼と運転手は二人して、チケット回収係をしている年頃の女性を自分たちの間に挟んでいやらしく撫で回していた。彼女のお腹の脂肪の塊があらわになっていた。四十年にわたってこのバスを利用していたが、このように太った若い男を見た記憶はなかった。怠惰を絵に描いたようだった。チケット回収係を女性がしているのも見たことはなかった。ましてやお腹の脂肪を露出している女性なんて。私の思考は、コカイン以外の富をこの土地から生み出しているカミソリのようにやせ細ったサトウキビ刈り労働者に飛んだ。それから、生きる屍となったアグアブランカにいる写真家の友人のことを思い出した――目は窪み、突き出た歯で唇が引っ張られていて、まるでステーキにかぶりつくことだけを欲しているかのようだった。

埃っぽい町に入ったところで、アントニオ・ベナビデスが営む薬草店に立ち寄った。彼のようなアマゾン北部からやってきたプトゥマヨ県出身の薬草師は、植物と同じくらい魔術についても知識を持っていることで有名だった。いやむしろ、この二つを分けることは間違っている。十分ほど談笑していると、二人の女性が入ってきた。一人目はとても大きく、とくに臀部が大きかった。二人目は比較的高い経済階層に属しているようで、私の見たところ、一人目ほど太ってはいないが、やはり肥満ではあった。二人は、私がこれまでに聞いたことのない物を探していた。減量のための薬草《ハーブ》。ベナビデス氏は、「痩せるためのシロップ」という、まさにうってつけの物を持っていると言ったが、三十年来の友人である私に対して、何が含まれているのかを教えてくれなかった。彼の薬草リスト《ファルマコピア》の大部分は、遠く離れたアマゾンの熱帯雨林や太平洋岸や（彼以外は誰も聞いたことのない）祝福された島々のような幻想的な場所から持ち出されたものである。体重を減らすための薬草はそのリストに新たに加えられた。とはいえ、この新しいシロップは間違いなく現下の状況に見合っている。おそらく、カニューレを使ったラ・リポや、アルベルトのタクシーの後部座席に乗せられたミイラを膨らませるコルセットよりもあからさまに劇的というわけではないだろうが、しかしながら、それらと同じくらい神秘的である。

一九七〇年代当時、コロンビアのカウカ渓谷の南で私が暮らしていた小さな町の周りで農民に出会ったなら、あなたは、とても洗練された手続きに従ったあいさつを体験するだろう。場合によって、民族誌家は、脂肪を確かめるためにふくらはぎを優しく揉まれることもある。健康の証、そしておそらくはそれ以上のもの、すなわち神々に微笑みかけられた人びとにもたらされる幸運の約束の証だと考えられているからだ。そして筋肉と骨だけでない状態でいられるくらいに幸運であるならば、アフロ系コロンビア人たちはがっしりとした肩と長い手足で優雅に自らの体重を支えていた。あの時代、脂肪は間違いなく神からの賜物の証だった。脂肪は良いものだった。同時に、脂肪は必ず他者の妬みを呼び起こすものだったので、ふくらはぎを手で撫でられているときに感嘆の声が聞こえたならば、気をつけたほうがいい。妬みは邪術を引き起こす元となるからだ。

そうした邪術の現場には人間がいる。邪術を行っている人物は影に隠れていて、邪術師だと疑われた人を特定できることはめったにないので、警戒すべきであると同時に非現実的な存在である。とはいえ、このような匿名の影は、私たちが今日直面している、痩せていて美しい他者に対する新しい形の妬みを伴うファッションの匿名的な力と比べてどれだけ現実的なのだろうか。この妬みによって、女性たちは自らの姿をミイラに変え、宇宙整形のおかげで神々のおもちゃになっている。けれども、邪術にも流行《ファッション》がある。邪術も、経済や生活のあり方の変化に伴って変化する。そうでないこともあるだろうか。ファウストの名を有名にした悪魔との伝説的な契約では、人間は短期的な利益を魔術的に得るが、想像するのも恐ろしいような結果を伴うものでもある。一九七二年にカウカ渓谷南部のアグリビジネス用のサトウキビ畑で私が聞いた悪魔との契約も、メロドラマ的ではあったが、似たところがあった。物語はこうだ。サトウキビ刈り労働者は、悪魔と契約することで二倍以上の賃金を得ることができたが、これによって、その土地ではサトウキビの成長が阻まれることとなった。増えた収入はバターやサングラスといった贅沢品を消費するためだけに使われ、たとえば子どもの食料には使うことはできなかった。土地を借りるためや、太らせて市場で売るための豚などの動物を買うためにも使うことはできなかった。サトウキビが刈り取られた畑と同じように、借りていた土地は不毛になり、家畜も死に絶えた。

他方で、女性はそのような悪魔との契約をすることはあったとしてもごく稀だと言われており、尋ねてみると、ここにはある論理が働いているようだった。「子育てに責任を持つのは女性ではないのか？」。だとしたら悪魔にもたらされた給金は何の役にも立たないだろう。女性と同様に、拡大を続けるプランテーションの隣で小さな土地を耕すわずかに残っている地元の小農も、悪魔との契約に関連していると言及されることは決してない。そこまでして自らの畑をやせ衰えさせたいと望むことはないだろう。

悪魔との契約が実際に交わされたことなどなかったという可能性はあるだろう。何回かはあったのではないかと思うが、稀なことではあるだろう。とはいえ、より重要なのは、他ならぬこの物語を、当時たくさんの人が信じており、信じたがっていたということであり、多大なエネルギーを使って身振りを交えながら語っていたということである。これは、十分に起こりうる信憑性のある話である。たとえ、現実だと思われている単なるうわさ話にすぎないとしても、成長の本質にかかわるモラルと経済の深層に触れるこの物語の力が減じられることはない。その成長の本質は、植物にも動物にも人間にも当てはまる。あるいは、小農の経済にも、畑を工場とみなす近代資本主義経済にも、そしていまや身体と美にかかわる魔術経済にも妥当するのだ。

私がはじめて悪魔との契約について聞いてから四十年を経たいま、この悪魔のおとぎ話は、死滅しようとしているようにみえるサトウキビ畑ではなくして、むしろ、美容と魅力を求める女性と社会の需要に当てはめられて息づいているということはないだろうか。私のラ・リポと宇宙整形についての物語は、悪魔との契約の物語と完璧に共鳴しているのではないだろうか。これよりも宇宙論的なものなどあるだろうか。

サトウキビ農園の男についての物語と宇宙整形を受ける女についての物語のいずれもが、神秘と魔術にますます深く分けいっていく驚くべき技術上の参照物からその力を引き出している。サトウキビ刈り労働者には悪魔との契約があり、賃金を増加させるが自然をやせ衰えさせる。整形を受ける女性については、誰も悪魔そのものについては語ってはいない。しかし、美しさを約束するものが破滅の岩盤に激突するものである以上、間違いなく奴はそこにいる。性的魅力《グラマー》と「手術の失敗による」見た目の醜悪化《ディスフィギュレーション》のメドレーのなかに奴はいる。奴は、アルベルトの黄色いタクシーで家に向かう包帯のコルセットを巻かれたミイラの隣に座って笑っている。ときに奴は、整形で顔が変わる前のチュペータのように、ハンサムで悪魔的な男でもある。一九五〇年代の整髪剤の広告モデルのようだったチュペータの顔は、整形を重ねるたびにどんどん不格好で恐ろしくなっていった。

別の日には、悪魔は祈るように両手を組んで悔恨の念に囚われている。デザイナースマイルで「告白」した民兵組織の指揮官、サルバトーレ・マンキューソのように。さらに別の日には、奴は、空っぽの眼窩を持ち、歯をむき出した張りついた笑みを浮かべて、カラカラと音をたてる骨の袋になっている。この骸骨はエル・メヒカーノことホセ・ゴンザロ・ロドリゲス・ガチャ、トイレットペーパーに金字で浮彫り加工を施した男だ。これらの地下世界の男たちは、世界を七日間で作るのではなく、何よりも九〇－六〇－九〇の女性の身体を通して世界を支配するように指示する神々である。奴らは、青々とした中央山脈《コルディエラ・セントラル》の麓にある〔コロンビアの中西部の街である〕アルメニアで、のどかな温かい午後に冷たいビールをちびちび飲みながら、母親たちが若い娘を歩かせているのを眺めている。アルメニアでも、他の場所でもいい。想像された土地であってもいい。

魔術と技術の違い、シュルレアリスムとリアリズムの違いはあいまいになっていく。これらの物語は、身体の歴史において時代を画する契機を扱っているからだ。一方にアグリビジネスによって作り変えられた地球の身体があり、他方には生産中心から消費中心へ、タブーから侵犯へと変転する資本主義によって作り変えられた女性の身体がある。歴史は滑らかな進化の段階に沿ってではなく、地震や胸の破裂がもたらす断絶によって進み、驚異の感覚が呼び込まれるような神話的な瞬間によって変化する。

近代のアグリビジネスで働く男たちの労働から女たちの美形化へという焦点の変化は、世界中で同時に起きている、英雄的な仕事としての生産から個人的消費のヒロイズムへの転換と共鳴している。そこでは、消費主義を旋回させる欲望の中心に、開示されたり隠されたりする女性の身体がある。実際には、私たちはみな、悪魔と関係なく前進を続け、美しくなったり購入したりするのだろう。悪魔は、自らとっても楽しんでいる脂肪吸引に関する怪談を大盤振る舞いしてくれるからだ。そう、本当にプラダを着た悪魔なのだ。そして、ファッションは、民兵組織による身体切断やアグリビジネスによる母なる地球の切断を包括するような美の領域として、さらに電撃的な力をもってタブーを愚弄する。侵犯を引き寄せておきながら後ではねつけるという法則をもっていたタブーの鼓動が、根本的に変化してしまったようだ。今日の満足を知らない世界においては、私たちが宙づりにされる法と法に背くことの狭間の空間は、かつてよりも大きく広がっている。そして、このギャップに**蕩尽**が、極限を超えて注ぎ込まれる。今や閉じることができなくなるまで宇宙整形を受けた目のように。そんな状態で眠ることを想像して欲しい。

しかも、彼女は笑っているんだ。

おしまい

謝辞

四十年来の友人でもあるカウカ県プエルト・テハダに住むオリヴィア・モスタシージャは、近年におけるラ・リポの並外れた重要性に私の注意を最初に引きつけてくれた人物であった。ファッションに関する彼女の洞察もこの本には書き込まれている。これまたプエルト・テハダに住むラウール・スニガのひょうきんなユーモアと鋭敏な観察は、私が気づいていないことを何度も気づかせてくれた。ナンシー・ゴールドリングは、私が美について脱線せずに進めるように、骨の折れるような努力を続けてくれた。そして娘である私のオリヴィア・アンブロシアは、D・H・ロレンスの祖父のミシンの貴重な絵と本書の扉絵を提供してくれた。

原註

神々からの贈与

（1） Paul Krugman, "Revenge of the Glut" (op-ed), *New York Times*, March 2, 2009, A23.

（2） E. E. Evans-Pritchard, *Nuer Religion* (Oxford: Oxford University Press, 1956), 256-57, 279.（エヴァンズ＝プリチャード 一九九五：下 一五〇―一五一、一八九―一九〇）／Georges Bataille, "The Concept of Expenditure," in *Visions of Excess: Selected Writings*, 1927-1939, trans. and ed. Alan Stoekl (Minneapolis: University of Minnesota Press, 1985), 116-29.（バタイユ 二〇一八b：三〇三―三四〇）／ジョルジュ・バタイユの「過剰性」という語について私が学んだ論考は、以下のものである。Norman O. Brown, "Dionysus in 1990," in *Apocalypse and/or Metamorphoses* (Berkeley: University of California Press, 1991).

（3） Inga Clendinnen, "The Cost of Courage in Aztec Society," *Past and Present*, no. 107 (May 1985), 16-89. Henri Hubert and Marcel Mauss, *Sacrifice: Its Nature and Function* (1898; Chicago: University of Chicago Press, 1964), 22-25.

（4） Bronislaw Malinowski, *Argonauts of the Western Pacific* (1922; Long Grove, IL: Waveland, 1984), 341.（マリノフスキー 一九六七：二六五）

（5）　Ibid., 239.（抄訳版のため該当頁部分未邦訳）／E. E. Evans-Pritchard, *Witchcraft, Oracles, and Magic among the Azande*. (Oxford: Clarendon Press, 1937).（エヴァンズ＝プリチャード 二〇〇一）

（6）　Malinowski, *Argonauts of the Western Pacific*, 251.（マリノフスキー 一九六七：抄訳版のため該当頁部分未邦訳）

（7）　Ibid., 339.（マリノフスキー 一九六七：二六三）

（8）　Walter Benjamin, "The Storyteller: Reflections on the Works of Nicolai Leskov," in *Illuminations*, ed. Hannah Arendt (New York: Schocken, 1968), 102.（ベンヤミン 一九九六：三二〇―三二一）

（9）　Walter Benjamin, cited in Egon Wissing, "Protocol of the Experiment of March 7, 1931," in Benjamin, *On Hashish* (Cambridge, MA: Harvard University Press, 2006), 69.（ベンヤミン 一九九二：一五九）におけるエゴン・ヴィッシングによる引用。

（10）　Georges Bataille, *The Accursed Share: An Essay on General Economy*, vol. 1, *Consumption* (New York: Zone Books, 1991), 9.（バタイユ 二〇一八a：一二）

（11）　Natasha Singer, "For Top Medical Students, Appearance Offers an Attractive Field," *New York Times*, March 19, 2008, A1, A12.

（12）　Georges Bataille, "The Language of Flowers," in *Visions of Excess*, 12.（バタイユ 二〇一四：四六―四七）

（13）　James George Frazer, *The Illustrated Golden Bough*, ed. Mary Douglas, illus. Sabine MacCormack (New York: Doubleday, 1978), 129.（フレーザー 二〇一一：下三五）

エル・メヒカーノ

（1）　Sigmund Freud, *The Origins of Psychoanalysis: Letters to Wilhelm Fliess* (New York: Basic Books, 1954), 240.（当該の手紙はフロイト（二〇〇一：三〇四）にも所収）。ここに出てくる糞便《フィルス》という単語に対して、ノーマン・O・ブラウンは「排泄物《エクスクレメント》」という誤った語で説明している。具体的には、以下のブラウンの著作を参照のこと。Brown, *Life against Death* (Middletown, CT: Wesleyan University Press, 1959), 259.（ブラウン 一九七〇：二六五）

（２）　Alfredo Molano, *Trochas y fusiles: Historias de combatientes* (Bogotá: Punto de Lectores, 2007), 189-90.

見たこともない素敵な鳥が飛んでいる

（１）　Charles Baudelaire, "The Painter of Modern Life," in *The Painter of Modern Life and Other Essays*, trans, and ed. Jonathan Mayne (New York: Phaidon, 1964), 3.（ボードレール　一九九九：一五三）

（２）　David Harvey, *A Brief History of Neoliberalism* (Oxford: Oxford University Press, 2005).（ハーヴェイ　二〇〇七：二三六）

（３）　Christine Haughney, "Even in Tough Times, It Seems, a Person Needs Mascara," *New York Times*, February 28, 2009, A2.

（４）　Michael Ciepley and Brooks Barnes, "Americans Flock to the Movies, Seeking a Silver Lining," *New York Times*, March 1, 2009, A1.

（５）　Ravi Somaiya, "It's the Economy, Girlfriend," *New York Times*, January 28, 2009, A21.

（６）　Michael Wilson, "Looking for Security in a Cube of Steel: Sales of Home Safes Booming in a Faltering Economy," *New York Times*, March 7, 2009, A15.

（７）　Susan Dominus, "Not the Rolls, My Good Man: These Times Demand the Station Wagon," *New York Times*, March 2, 2009, A17.

（８）　Ibid.

くまのプー

（１）　George R. Stewart, *Storm* (1941; Berkeley, CA: Heyday Press, 2003).

支出《スペンディング》

（1） Henry Mayhew, *London Labour and the London Poor*, 4 vols. (1861-1862; New York: Dover, 1968), 1: 2.（メイヒュー 二〇一一：抄訳版のため該当頁部分未邦訳）

（2） Norman Lindsay, *The Magic Pudding: Being the Adventures of Bunyip Bluegum and His Friends Bill Barnacle and Sam Sawnoff* (1918; New York: New York Review of Books, 2004).（リンゼイ 一九七九）

（3） Marshall Sahlins, "The Original Affluent Society," in *Stone Age Economics* (Chicago: Aldine-Atherton, 1972).（サーリンズ 一九八四：八―五五）

（4） Nietzsche, *Twilight of the Idols* (New York: Penguin, 1990), 86.（ニーチェ 一九九四：一〇〇）

クール

（1） L Report, "Overview," http://www.lreport.com (accesed October 9, 2008). Malcolm Gladwell, "The Coolhunt;" *New Yorker*, March 17, 1997.

（2） Walter Benjamin, "The Paris of the Second Empire in Baudelaire," in *Charles Baudelaire: A Lyric Poet in the Era of High Capitalism*, trans. Harry Zohn (London: New Left Books, 1973), 79.（ベンヤミン 二〇一五：一九四）

（3） Walter Benjamin, Convolut B, "Fashion," in *The Arcades Project* (Cambridge, MA: Harvard University Press, 1999), 62-81.（ベンヤミン 二〇〇三 a：一五五―二〇七）

（4） Fredric Jameson, "The Cultural Logic of Late Capital," *New Left Review* 146 (July/August 1984).

デザイナースマイル

（1） John Berger, "Drawn to That Moment," in *Berger on Drawing*, ed. Jim Savage (Aghabullogue, Ireland: Occasional Press, 2005), 67-72. 初出は一九七六年の雑誌 *New Society* である。また、一九八五年にホーガース・プレスから刊行

されたエッセイ集の *The White Bird* (Hogarth Press, 1985) にも掲載されている。

（2） Walter Benjamin, "The Storyteller: Reflections on the Works of Nicolai Leskov," in *Illuminations*, ed. Hannah Arendt (New York: Schocken, 1968), 94.（ベンヤミン 一九九六：三〇五）

デザイナーボディ

（1） Daniella Gandolfo, *The City at Its Limits: Taboo, Transgression, and Urban Renewal in Lima* (Chicago: University of Chicago Press, 2009), 53.

（2） Roger Caillois, "Mimicry and Legendary Psychasthenia," trans. John Shepley, *October*, no. 31 (Winter 1984): 30.（カイヨワ 一九九四：一一七）

神話大戦

（1） J. M. Coetzee, "The Vietnam Project," in *Dusklands* (London: Secker and Warburg, 1974).（クッツェー 二〇一七）

（2） William S. Burroughs, *Cities of the Red Night* (New York: Henry Holt, 1981), 26.（バロウズ 一九八八：四三）

（3） Francois Rabelais, *The Histories of Gargantua and Pantagruel* (London: Penguin, 1955), 305-10.（ラブレー 一九七四：六六―六八）

（4） Miguel Caballero website, http://miguelcaballero.com (accessed May 25, 2011).

（5） *New York Times*, November 18, 2011.

（6） トロント在住のカナダ人アーティスト、マーク・クロシエ（Mark Closier）がインターネット上のリンクを教えてくれたことに感謝する。

（7） Walter Benjamin, "The Storyteller: Reflections on the Works of Nicholai Leskov," in *Illuminations*, ed. Hannah Arendt (New York: Schocken, 1968), 84.（ベンヤミン 一九六九：一八〇）

美と切除

（一）　German Guzmán Campos, Orlando Fals Borda, and Eduardo Umaña Luna, *La Violencia en Colombia*, 2 vols. (Bogotá: Ediciones Tercer Mundo, 1962 [vol. 1], 1964 [vol. 2]). Robin Kirk, *More Terrible Than Death: Massacres, Drugs, and America's War in Colombia* (New York: Public Affairs, 2003). Michael Taussig, "The Language of Flowers," in *Walter Benjamin's Grave* (Chicago: University of Chicago Press, 2006).（タウシグ 二〇一六）María Victoria Uribe, *Matar, rematar y contramatar: Las masacres de la violencia en el Tolima, 1948–1964* (Bogotá: CINEP, 1990). Also, see Arnold Berleant, "Art, Terrorism and the Negative Sublime," *Contemporary Aesthetics* 7 (November 2009).

（二）　Andres Fernando Suarez, "Le sevicia en las massacres de la guerra colombiana," *Analisis Politica*, no. 63 (2008), 72. Cited in *La masacre de El Salado*, Grupo de Memoria Historico (Bogotá: Tauris, 2008), 82.

（三）　Alfredo Molano, *Ahí, les dejo esos fierros* (Bogotá: Áncora, 2009), 27.

（四）　Friedrich Nietzsche, *On the Genealogy of Morality* (Cambridge: Cambridge University Press, 1994), 41, 45-46.（ニーチェ 二〇〇九：一〇五―一〇六、一一七）

（五）　Ibid., 59.（一五〇）

爆発する乳房

（一）　Karl Penhaul, "Luxuries dazzled gangster's girlfriend," CNN, October 15, 2009, http://edition.cnn.com/2009/WORLD/americas/10/15/colombia.girlfriends.

（二）　Walter Benjamin, *The Origin of German Tragic Drama*, trans. John Osborne (1963; London: New Left Books, 1977), 188.（ベンヤミン 一九九九：下 七三）

仮想大学

（1） Charles Baudelaire, "The Painter of Modern Life," in *The Painter of Modern Life and Other Essays* (New York: Da Capo, 1986), 12.（ボードレール 一九九九：一六八）

（2） Friedrich Engels, *The Condition of the Working Class in England*, trans. and ed. W. O. Henderson and W. H. Chaloner (1845; Stanford, CA: Stanford University Press, 1968), 30-31.（エンゲルス 一九九〇）

（3） Cited in Benjamin, *Arcades Project*, 449-50.（ベンヤミン 二〇二一 b：一七七—一八〇）

美の歴史

（1） Charles Baudelaire, "The Painter of Modern Life," in *The Painter of Modern Life and Other Essays* (New York: Da Capo, 1986), 12.（ボードレール 一九九九：一六八）

（2） Jean-Francois Lyotard, "Adrift," in *Driftworks* (Brooklyn, NY: Semiotexte, 1984), 14-15.

（3） Ibid., 14.

（4） Baudelaire, "Painter of Modern Life," 2.（ボードレール 一九九九：一五一）

（5） Walter Benjamin, *The Arcades Project* (Cambridge, MA: Harvard University Press, 1999), 64.（ベンヤミン 二〇二一 a：一六三—一六四）

（6） Ibid.

（7） D. H. Lawrence, "Nottingham and the Mining Country," in *D. H. Lawrence: Selected Essays* (London: Penguin, 1954), 120-21.

（8） D. H. Lawrence, *Apocalypse* (1931; London: Penguin, 1995), 64.（ロレンス 二〇〇四：Kindle の位置 No.462-463）

（9） Benjamin, *Arcades Project*, 64.（ベンヤミン 二〇二一 a：一六五）

（10） Bataille, *The Accursed Share: An Essay on General Economy*, vol. 2, trans. Robert Hurley (1976; New York: Zone

Books, 1991 (2007)), 209.（バタイユ 一九九〇：二八）
（11） Guy Trebay, "Taming the Runway," *New York Times*, October 8, 2009, E6.

靴の歴史

（1） B. Traven, *The Bridge in the Jungle* (1938; New York: Hill and Wang, 1967), 21.
（2） Friedrich Nietzsche, *On the Genealogy of Morality* (Cambridge: Cambridge University Press, 1994), 61.（ニーチェ 二〇〇九：一五四―一五五）
（3） Sigmund Freud, *The Origins of Psychoanalysis: Letters to Wilhelm Fliess* (New York: Basic Books, 1954).
（4） Nietzsche, *On the Genealogy of Morality*, 70, 71.（ニーチェ 二〇〇九：一七九―一八一）
（5） A. Scherz, E. R. Scherz, G. Tappopi, A. Otto, *Hair-Styles, Head-Dresses and Ornaments in Namibia and Southern Africa* (Windhoek, Namibia: Gamsberg, Macmillan, 1981), 53 (photograph by K. Schettler, number 32).

地下世界の外科医たち

（1） Roger Caillois, "The Sociology of the Executioner," in *The College of Sociology*, ed. Denis Hollier, trans. Betsy Wing, 234-47 (Minneapolis: University of Minnesota Press, 1988).（カイヨワ 一九八七：三八二―四〇七）
（2） Ibid., 240.（カイヨワ 一九八七：三九五）
（3） Ibid., 243.（カイヨワ 一九八七：三九九）
（4） Jean Genet, *The Thief's Journal* (New York: Grove, 1964), 65.（ジュネ 一九六八：九一）
（5） *El Tiempo*, August 8, 2007, 3
（6） *El Tiempo*, September 19, 2009.

デザイナーネーム

（1） Article by Maria del Rosario Arrazola, *El Espectador*, August 14, 2008.

（2） Ibid.

（3） *Independent*, April 17, 2009.

（4） Constanza Vieira, “Paramilitaries Don’t Want to Take the Blame Alone,” Inter Press Service, July 12, 2010, https://www.ipsnews.net/news.asp?idnews=52115.

（5） Alfredo Molano, *Ahi, les dejo esos fierros* (Bogotá: Áncora, 2009), 66.

（6） Alfredo Molano, *Trochas y fusiles: Historias de combatientes* (Bogotá: Punto de Lectores, 2007), 123.

無法地帯の法

（1） Walter Benjamin, Convolut B, “Fashion,” in *The Arcades Project* (Cambridge, MA; Harvard University Press, 1999), 63.（ベンヤミン 二〇二一 a：一六〇）

（2） Giacomo Leopardi, “Dialogue between Fashion and Death,” in *Essays and Dialogues* (1824; Berkeley: University of California Press, 1982), 69.（レオパルディ 二〇〇六：二七三）

（3） Gustave Flaubert, *Sentimental Education* (London: Penguin, 1964), 164.（フローベール 二〇一四：上三六九）

（4） Ioan P. Couliano, *Eros and Magic in the Renaissance* (Chicago: University of Chicago Press, 1987), 210.（クリアーノ 一九九一：三二九—三三〇）

（5） Hakim Bey (Peter Lamborn Wilson), *T. A. Z.: The Temporary Autonomous Zone, Ontological Anarch, Poetic Terrorism* (Brooklyn: Autonomedia, 1985).（ベイ 二〇一九）

（6） Eric J. Hobsbawm, *Interesting Times: A Twentieth Century Life* (New York: New Press, 2002), 414-15.（ホブズボーム 二〇〇四：四〇三）

(7) Zygmunt, Bauman, "Postmodern Adventures of Life and Death," in *Modernity, Medicine and Health: Medical Sociology towards 2000*, ed. Graham Scambler and Paul Higgs (London: Routledge, 1998), 226. この貴重な資料を教えてくれたアーイシャ・アダモ（Ayesha Adamo）に感謝する。

(8) Michael Taussig, *Shamanism, Colonialism, and the Wild Man: A Study in Terror and Healing* (Chicago: University of Chicago Press, 1987).

(9) "Dionysus," in *The Classical Oxford Dictionary*, 3rd ed., ed. Simon Hornblower and Antony Spawforth (Oxford: Oxford University Press, 2003), 479.

タブーな割れ目

(1) "'Berlusconi's Fat' Moulded to Art," BBC News, June 20, 2005, http://news.bbc.co.uk/2/hi/entertainment/4110402.stm.

(2) W. E. H. Stanner, "Durmurgam, A Nagiomeri," in *In the Company of Man: Twenty Portraits by Anthropologists*, ed. Joseph B. Casagrande (New York: Harper, 1960), 81, 82.

(3) Roger Caillois, "Paris, mythe moderne," *Nouvelle Revue française* 25, no. 284 (May 1, 1937): 692, cited in Walter Benjamin, *The Arcades Project* (Cambridge, MA: Harvard University Press, 1999), 78-79.（カイヨワ（ベンヤミン 二〇二一 a：二〇一））

(4) Louis Aragon, *Paris Peasant* (1926; London: Jonathan Cape, 1971), 28.（アラゴン 一九八八：一九）

(5) Max Guckman, *Custom and Conflict in Africa* (Oxford: Blackwell, 1955), 110-11.

(6) Walter Benjamin, Convolut B, "Fashion," in *The Arcades Project* (Cambridge, MA: Harvard University Press, 1999), 63.（ベンヤミン 二〇二一 a：一六〇）

(7) Benjamin, *Arcades Project*, 69-70.（ベンヤミン 二〇二一 a：一七七）

訳註

(一)　ギブスン、ウィリアム 一九八六『ニューロマンサー』黒丸尚訳、一二頁、ハヤカワ書房。

(二)　モコーソとは「鼻水の出る」あるいは「小生意気な」という形容詞で、そこから派生したモコーサスとは複数形の女性名詞を修飾し「鼻水の」を意味するか、名詞で「小娘たち」という意味である。ただし、なぜアノライマでこのパンケーキがモコーサスと呼ばれているのかについては、コロンビア人に尋ねたが不明であった。

(三)　ベネズエラやコロンビアにおける伝統的な薄焼きパンで、アレパと呼ばれるものである。マフィンのようにパンの間に切り込みを入れて中にさまざまな具材を挟むこともできれば、パン自体に砂糖等を加えて甘みを出すこともできる。

(四)　マルクス、カール、フリードリヒ・エンゲルス 二〇〇八「共産党宣言」『共産党宣言・共産主義の諸原理』水田洋訳、一五頁、講談社学術文庫。

(五)　これはどうやら、学名カラテア・ルテア、すなわち南米でビハオ（bijao）と呼ばれる多年草植物のことのようである。ビハオの葉はプランテインの葉によく似ている。中南米の伝統的料理の一つには、トウモロコシ粉をすりつぶしてラードと混ぜてこねた生地をプランテインの葉などに包んで蒸すタマルがあるが、コロンビアではバナナの葉でなくビハオの葉でタマルを作る場合がある。コロンビア人によれば、コロンビアとエクアドルの国境に住むインディヘナのアワ人はビハオを家の屋根に使っており、ヴィアオウに近い発音で呼んでいるのを聞いたことがあるという。

（六） タウシグは cuze-cut と引用しているが、メイヒューの原文を読むと cuze-cat の間違いである。ここでは正しい表記の発音を示しておく。

（七） 「入国管理局（略称 DAS, Dipartamento Administrativo de Seguridad）」と「国家警察刑事局（略称 DIJIN, Dirección de Investigación Criminal e INTERPOL）」のこと。

（八） ベンヤミン、ヴァルター 二〇一五『［新訳・評注］歴史の概念について』鹿島徹訳・評注、六二—六三頁、未來社。

（九） 原文は外胚葉型（ectomorph）になっている。しかし、外胚葉型は脂肪の少ないタイプで、陽気なのは脂肪の多い内胚葉型（endomorph）である。明らかな間違いと考え、訳文では修正している。

参考文献

Aragon, Louis. *Paris Peasant*. 1926; London: Jonathan Cape, 1971.

Arrazola, Maria del Rosario. Article in *El Espectador.* August 14, 2008.

Bataille, Georges. *Visions of Excess: Selected Writings, 1927-1939*. Trans. and ed. Alan Stoekl. Minneapolis: University of Minnesota Press, 1985.

——, "Transgression." In *Erotism: Death and Sensuality*. 1962; San Francisco: City Lights,1986.

——, *The Accursed Share: An Essay on General Economy*. Trans. Robert Hurley. New York: Zone Books, 2007.

Baudelaire, Charles "The Painter of Modern Life." In *The Painter of Modern Life and Other Essays*. Trans. and ed. Jonathan Mayne. New York: Phaidon Press, 1964.

Bauman, Zygmunt. "Postmodern Adventures of Life and Death." In *Modernity, Medicine, and Health: Medical Sociology towards 2000*, ed. Graham Scambler and Paul Higgs, 216-31. London: Routledge, 1998.

BBC News. "'Berlusconi's Fat' Moulded to Art." October 15, 2009. http://news.bbc.co.uk/2/hi/entertainment/4110402.stm.

Benjamin, Walter. *The Origin of German Tragic Drama*. Trans. John Osborne. 1963; London: New Left Books, 1977.

——, "Theses on the Philosophy of History." In *Illuminations*, ed. Hannah Arendt. New York: Schocken, 1968.

——, "The Storyteller: Reflections on the Works of Nicolai Leskov." In *Illuminations*, ed. Hannah Arendt. New York: Schocken, 1968.

——, "The Paris of the Second Empire in Baudelaire." In *Charles Baudelaire: A Lyric Poet in the Era of High Capitalism*. Trans. Harry Zohn. London: New Left Books, 1973.

——, *The Arcades Project*. Cambridge, MA: Belknap Press, 1999.

Berger, John. "Drawn to That Moment." In *Berger on Drawing*. Ed. Jim Savage. Aghabullogue, Ireland: Occasional Press, 2005.

Berleant, Arnold. "Art, Terrorism and the Negative Sublime." *Contemporary Aesthetics 7* (November 2009).

Bey, Hakim (Peter Lamborn Wilson). *T.A.Z.: The Temporary Autonomous Zone*, *Ontological Anarchy*, *Poetic Terrorism*. Brooklyn: Autonomedia, 1985.

Brown, Norman O. "Dionysus in 1990." In *Apocalypse and/or Metamorphosis*, 158-200. Berkeley: University of California Press, 1991.

Burroughs, William S. *Cities of the Red Night*. New York: Henry Holt, 1981.

Caillois, Roger. "Paris, mythe moderne." *Nouvelle Revue française* 25, no. 284 (May 1, 1937).

——, "Mimicry and Legendary Psychesthenia." Trans. John Shepley. *October*, no. 31 (Winter 1984), 17-32.

——, "The Sociology of the Executioner." In *The College of Sociology*. Ed. Denis Hollier. Trans. Betsy Wing. Minneapolis: University of Minnesota Press, 1988.

Ciepley, Michael, and Brooks Barnes. "Americans Flock to the Movies, Seeking a Silver Lining." *New York Times*, March 1, 2009, A1.

Clendinnen, Inga. "The Cost of Courage in Aztec Society." *Past and Present*, no. 107 (May 1985), 16-89.

"Dionysus." In *Classical Oxford Dictionary*, 3rd ed., ed. Simon Hornblower and Anthony Spawforth. Oxford: Oxford University

Press, 2003.
Dominus, Susan. "Not the Rolls, My Good Man: These Times Demand the Station Wagon." *New York Times*, March 2, 2009, A17.
Engels, Friedrich. *The Condition of the Working Class in England*. Trans. and ed. W. O. Henderson and W. H. Chaloner. 1845; Stanford, CA: Stanford University Press, 1968.
Evans-Pritchard, E. E. *Witchcraft, Oracles, and Magic among the Azande*. Oxford: Clarendon Press, 1937.
——, *Nuer Religion*. Oxford: Oxford University Press, 1956.
Flaubert, Gustave. *Sentimental Education*. London: Penguin, 1964.
Foucault, Michel. "Preface to Transgression." In *Language*, *Counter Memory*, *Practice*, 29-52. Ithaca, NY: Cornell University Press, 1977.
Frazer, James George. *The Illustrated Golden Bough*. Ed. Mary Douglas. Illus. Sabine MacCormack. Garden City, NY: Doubleday, 1978.
Freud, Sigmund. *The Origins of Psychoanalysis: Letters to Wilhelm Fliess*. New York: Basic Books, 1954.
Gandolfo, Daniella. *The City at Its Limits*. Chicago: University of Chicago Press, 2009.
Genet, Jean. *The Thief's Journal*. New York: Grove Press, 1964.
Gladwell, Malcolm. "The Coolhunt." *New Yorker*, March 17, 1997, 78.
Harvey, David. *A Brief History of Neoliberalism*. Oxford: Oxford University Press, 2005.
Haughney, Christine. "Even in Tough Times, It Seems, a Person Needs Mascara." *New York Times*, February 28, 2009, A2.
Hobsbawm, Eric. *Interesting Times: A Twentieth Century Life*. New York: New Press, 2002.
Hubert, Henri, and Marcel Mauss. *Sacrifice: Its Nature and Function*. 1898; Chicago: University of Chicago Press, 1964.
Jameson, Fredric. "The Cultural Logic of Late Capital." *New Left Review 146* (July/August 1984).
——, *Postmodernism*, *or*, *The Cultural Logic of Late Capitalism*. Durham, NC: Duke University Press, 1991.
Kirk, Robin. *More Terrible Than Death: Massacres*, *Drugs*, *and America's War in Colombia*. New York: Public Affairs, 2003.

Krugman, Paul. "Revenge of the Glut." Op-ed. *New York Times*, March 2, 2009, A23.

Lawrence, D. H. *Apocalypse*. 1931; London: Penguin, 1995.

——, "Nottingham and the Mining Country." In *D. H. Lawrence: Selected Essays,* 114-25. Harmondsworth: Penguin, 1954.

Leopardi, Giacomo. "Dialogue between Fashion and Death." In *Essays and Dialogues*. 1824; Berkeley: University of California Press, 1982.

Lindsay, Norman. *The Magic Pudding: Being the Adventures of Bunyip Bluegum and His Friends Bill Barnacle and Sam Sawnoff*. 1918; New York: New York Review of Books, 2004.

L Report. "Overview." http://www.lreport.com (accessed October 9, 2008).

Lyotard, Jean-Francois. "Adrift." In *Driftworks*. Brooklyn, NY: Semiotexte, 1984.

Malinowski, Bronislaw. *Argonauts of the Western Pacific*. 1922; Prospect Heights, IL: Waveland, 1984.

Mayhew, Henry. *London Labour and the London Poor.* 4 vols. 1861-1862; New York: Dover Publications, 1968.

Miller, Daniel. *A Theory of Shopping*. Ithaca, NY: Cornell University Press, 1998.

Molano, Alfredo. *Trochas y fusiles: Historias de combatientes*. Bogotá: Punto de Lectores, 2007.

——, *Ahí, les dejo esos fierros*. Bogotá: Áncora, 2009.

Nietzsche, Friedrich. *On the Genealogy of Morality*. Cambridge: Cambridge University Press, 1994.

——, *Twilight of the Idols*. New York: Oxford University Press, 1998.

——, *The Gay Science*. Cambridge: Cambridge University Press, 2001.

Paternostro, Silvana. "Tetas y paraiso." *Gatopardo*, June 2011.

Penhaul, Karl. "Luxuries Dazzled Gangster's Girlfriend." CNN. October 15, 2009. http://edition.cnn.com/2009/WORLD/americas/10/15/colombia.girlfriends/.

Rabelais, Francois. *The Histories of Gargantua and Pantagruel*. London: Penguin, 1955.

Sahlins, Marshall. *Stone Age Economics*. Chicago: Aldine-Atherton, 1972.

Scherz, A., E. R. Scherz, G. Tappopi, and A. Otto. *Hair-styles, Headdresses and Ornaments in Southwest Africa, Namibia and Southern Angola*. Windhoek: Gamsberg Macmillan, 1981.

Sieber, Roy, Frank Herreman, and Niangi Batulukisi. *Hair in African Art and Culture*. New York: Museum for African Art, 2000.

Singer, Natasha. "For Top Medical Students, Appearance Offers an Attractive Field." *New York Times*, March 19, 2008, A1, A12.

Solnit, Rebecca. *Wanderlust: A History of Walking*. New York: Viking, 2000.

Somaiya, Ravi. "It's the Economy, Girlfriend." *New York Times*, January 28, 2009, A21.

Stanner, W. E. H. "Durmurgam, A Nagiomeri." In *In the Company of Man: Twenty Portraits by Anthropologists*, ed. Joseph Casagrande, 63-100. New York: Harper, 1960.

Stewart, George R. *Storm*. 1941; Berkeley, CA: Heyday Press, 2003.

Suarez, Andres Fernando. "Le sevicia en las massacres de la guerra colombiana." *Analisis Política* 63 (2008).

Taussig, Michael. *Shamanism, Colonialism, and the Wild Man: A Study in Terror and Healing*. Chicago: University of Chicago Press, 1987.

——, *Law in a Lawless Land*. Chicago: University of Chicago Press, 2003.

——, *My Cocaine Museum*. Chicago: University of Chicago Press, 2004.

——, "The Language of Flowers." In *Walter Benjamin's Grave*, 189-218. Chicago: University of Chicago Press, 2006.

Traven, B. *The Bridge in the Jungle*. 1938; New York: Hill and Wang, 1967.

Trebay, Guy. "Taming the Runway." *New York Times*, October 8, 2009, E6.

Turner, Victor. "Betwixt and Between: The Liminal Period in *Rites de Passage*." In *The Forest of Symbols*, 93-111. Ithaca, NY: Cornell University Press, 1967.

Uribe, María Victoria. *Matar, rematar y contramatar: Las massacres de la violencia en el Tolimá, 1948-1964*. Bogotá: CINEP, 1990.

Vieira, Constanza. "Paramilitaries Don't Want to Take the Blame Alone." Inter Press Service, July 12, 2010. http://www.ipsnews.

net/news.asp?idnews=52115.
Wilson, Michael. "Looking for Security in a Cube of Steel: Sales of Home Safes Booming in a Faltering Economy." *New York Times*, March 7, 2009, A15.
Wissing, Egon. "Protocol of the Experiment of March 7, 1931." In Walter Benjamin, *On Hashish*. Cambridge, MA: Harvard University Press, 2006.

【日本語訳】


アラゴン、L 一九八八『パリの農夫』佐藤朔訳、思潮社（Aragon 1971）。

エヴァンズ＝プリチャード、E・E 一九九五『ヌアー族の宗教〈上・下〉』向井元子訳、平凡社（Evans-Pritchard 1956）。

——二〇〇一『アザンデ人の世界——妖術・託宣・呪術』向井元子訳、みすず書房（Evans-Pritchard 1937）。

エンゲルス、F 一九九〇『イギリスにおける労働者階級の状態——一九世紀のロンドンとマンチェスター〈上・下〉』一條和生・杉山忠平訳、岩波文庫（Engels 1968）。

カイヨワ、R 一九八七「死刑執行人の社会学」西谷修訳『聖社会学』ドゥニ・オリエ編、兼子正勝・中沢真一・西谷修訳、工作舎、三八二—四〇七頁（Roger 1988）。

——一九九四「擬態と伝説的精神衰弱」『神話と人間』久米博訳、せりか書房、九六—一三五頁（Roger 1984）。

クッツェー、J・M 二〇一七「ヴェトナム計画」『ダスクランズ』くぼたのぞみ訳、人文書院、五—九〇頁（Coetzee 1974）。

クリアーノ、I・P 一九九一『ルネサンスのエロスと魔術——想像界の光芒』桂芳樹訳、工作舎（Couliano 1987）。

サーリンズ、M 一九八四年［新装版二〇一二年］『石器時代の経済学』山内昶訳、法政大学出版局（Sahlins 1972）。

ジュネ、J 一九六八『泥棒日記』朝吹三吉訳、新潮文庫（Genet 1964）。

タウシグ、M 二〇一六「花言葉」『ヴァルター・ベンヤミンの墓標』金子遊・井上里・水野友美子訳、三〇五—三四

二頁、水声社（Taussig 2006）。

ニーチェ、F 一九九四『ニーチェ全集14 偶像の黄昏・反キリスト者』原佑訳、ちくま学芸文庫（Nietzsche 1990）。

――二〇〇九『道徳の系譜学』中山元訳、光文社（Nietzsche 1994）。

ハーヴェイ、D 二〇〇七『新自由主義――その歴史的展開と現在』渡辺治監訳、森田成也・木下ちがや・大家定晴・中村義孝訳、作品社（Harvey 2005）。

バタイユ、G 一九九〇『至高性――呪われた部分』湯浅博雄他訳、人文書院（Bataille 2007）。

――二〇一四「花言葉」『ドキュマン』江澤健一郎訳、河出文庫、四一―五六頁（Bataille 1985 所収）。

――二〇一八a『呪われた部分――全般経済学試論・蕩尽』酒井健訳、ちくま学芸文庫（Bataille 2007）。

――二〇一八b「消費の概念」『呪われた部分――全般経済学試論・蕩尽』酒井健訳、三〇三―三四〇頁、ちくま学芸文庫（Bataille 1985 所収）。

バロウズ、S・W 一九八八『シティーズ・オブ・ザ・レッド・ナイト』飯田隆昭訳、思潮社（Burroughs 1981）。

フレーザー、J・G 二〇一一『図説金枝篇〈上・下〉』M・ダグラス監修、S・マコーマック編集、吉岡晶子訳、講談社学術文庫（Frazer 1978）。

フロイト、S 二〇〇一『フロイト フリースへの手紙――一八八七―一九〇四』ジェフリー・ムセイエフ・マッソン編、河田晃訳、誠信書房。

フローベール、G 二〇一四『感情教育〈上・下〉』太田浩一訳、光文社古典新訳文庫（Flaubert 1964）。

ブラウン、N・O 一九七〇『エロスとタナトス』秋山さとこ訳、竹内書店（Brown 1959）。

ベイ、H 二〇一九『T. A. Z. 第二版――一時的自律ゾーン、存在論的アナーキー、詩的テロリズム』箕輪裕訳、インパクト出版会（Bey 1985）。

ボードレール、C 一九九九「現代生活の画家」『ボードレール批評2――美術批評II・音楽批評』阿部良雄訳、ちくま学芸文庫、一四九―二一六頁（Baudelaire 1964）。

ホブズボーム、E 二〇〇四『わが二〇世紀――面白い時代』河合秀和訳、三省堂（Hobsbawm 2002）。

ベンヤミン、W 一九六九「物語作家」高木久雄・佐藤康彦訳『ヴァルター・ベンヤミン著作集7 文学の危機』高木久雄編、晶文社／一九九六「物語作者――ニコライ・レスコフの作品についての考察」三宅晶干訳『ベンヤミン・コレクション 第2巻 エッセイの思想』浅井健二郎編訳、ちくま学芸文庫、二八三―三三四頁（Benjamin 1968）。

―― 一九九二「一九三一年三月七日の実験記録」『陶酔論』飯吉光夫訳、晶文社、一五三―一六〇頁（Benjamin 2006）。

―― 一九九九『ドイツ悲劇の根源〈上・下〉』浅井健二郎訳、筑摩書房（Benjamin 1977）。

―― 二〇一五「ボードレール論――ボードレールにおける第二帝政期のパリ」『パリ論／ボードレール論集成』浅井健二郎（編）、浅井健二郎・久保哲司・土合文夫訳、ちくま学芸文庫、七八―二四八頁（Benjamin 1973）。

―― 二〇二一a『パサージュ論（一）』今村仁司ほか訳、岩波文庫（Benjamin 1999）。

―― 二〇二一b『パサージュ論（三）』今村仁司ほか訳、岩波書店（Benjamin 1999）。

マリノフスキー、B 一九六七「西太平洋の遠洋航海者」『世界の名著59』寺田和夫・増田義郎訳、中央公論社、五五―三四二頁、（Malinowski 1984）。

メイヒュー、H 二〇一一『ロンドン路地裏の生活誌――ヴィクトリア時代〈上・下〉』植松靖夫訳、原書房（Mayhew 1968）。

ラブレー、F 一九七四『ガルガンチュワとパンタグリュエル――第三之書 パンタグリュエル物語』渡辺和夫訳、岩波書店（Rabelais 1955）。

リンゼイ、N 一九七九『まほうのプディング』小野章訳、講談社（Lindsay 2004）

レオパルディ、G 二〇〇六「流行と死の対話」『カンティ』脇功・柱本元彦訳、名古屋大学出版会、二七二―二七七頁（Leopardi 1982）。

ロレンス、D・H 二〇一六『黙示録論――現代人は愛しうるか』福田恆存訳、ちくま学芸文庫eBooks（Lawrence 1931）。

訳者あとがき

本書は、Michael Taussig, *Beauty and the Beast*, The University of Chicago Press, 2012 の全訳である。

著者マイケル・タウシグは、現在、アメリカ合衆国のコロンビア大学人類学部教授、およびスイスにあるヨーロッパ大学院人類学教授である。タウシグは、一九六九年からコロンビア南西部でフィールドワークを行ってきた。長年の調査研究にもとづき多数の作品を発表してきたが、代表的著作に『南アメリカにおける悪魔と商品フェティシズム（*The Devil and Commodity Fetishism in South America*）』（一九八〇）、『シャーマニズム、植民地主義、ワイルドマン（*Shamanism, Colonialism, and the Wild Man*）』（一九八七、関連論文の邦訳あり（一九九六））、『ナーヴァス・システム（*The Nervous System*）』（一九九二）、『模倣と他者性』（一九九三／邦訳、二〇一八）、『ディフェイスメント（*Defacement*）』（一九九九）、『ヴァルター・ベンヤミンの墓標』（二〇〇六／邦訳、二〇一六）などがある。なお、既刊の邦訳のうち、とくに本書と関連が深いのは、『ヴァルター・ベンヤミンの墓標』の二章と三章である。

タウシグの基本的な関心は、マルクスおよびベンヤミンの思想をふまえて、ポスト植民地主義的な状況の残っているコロンビアにおける美的なものや魔術的なもののあり方を、伝統的世界やヨーロッパ近代におけるそれらと比較しつつ探究することにある。さらにはそうすることで、美や魔術に対する関心が人間に普遍的なものであることを示しながら、時代的・地域的特質を明らかにすることである。

タウシグの最初の著作である『南アメリカにおける悪魔と商品フェティシズム』［Taussig 1980］の主題は、植民期の経済状況を引きずりながら資本主義化の進んだコロンビアやボリビアのプロレタリアートにおける悪魔信仰であった。タウシグの分析では、植民地化の過程で欧州から持ち込まれた悪魔は、コロンビアのプランテーションやボリビアの鉱山における労働者が経験した市場経済の矛盾や労働疎外の象徴となった。人びとの語りによると、男性労働者は悪魔との契約を結ぶことがある。ただし、本書の「太った子どもと悪魔」の章でも触れられているように、悪魔との契約で得られたお金を土地や家畜に投資することはできず、服や酒やバターといった贅沢品のためにすぐに消費してしまうか、友人と共有すべきだと考えられていた。タウシグが注目するのは、恐ろしいと同時に人を惹きつける悪魔という一見すると伝統的な存在でしかないように見えるものが、資本主義の導入によって新たに生じた人間のあり方や関係性が引き起こす衝突を調停する存在でもあるということである。

悪魔に類する美的なものや魔術的なものがいかに恐怖や死といった否定的なものによって駆動しているのか、しかも超時代的にそうであるのかをタウシグは考え続けてきた。なかでもタウシグは、前資本主義社会に資本主義が持ち込まれた時に何が生じるかに関心を寄せてきた（その関心とつながるような、消費に対するタウシグの私的な体験は本書「支出」の章で明示的に語られている）。こうした関心を引き継ぎながら、コロンビアの新たな状況のなかで興隆した美容整形という消費形態に思考を拡張しようとしたのが本書である。

本書で展開される議論の背景には、一九六四年に始まったコロンビア内戦に伴う死と暴力と恐怖が蔓延する一方で、一九六一年からアメリカ合衆国が防共のためにはじめた経済的支援によってアメリカ製品（たとえばジーンズやスニーカー）に対する消費熱が非常に高まっていたという特徴がある。本書では、こうした政治経済的状況下における美と恐怖の現れに関心が向けられる。さらに特筆すべきことは、美と恐怖の感覚を浮かびあがらせるために、タウシグがフィクトクリティシズムと呼ぶ方法（「フィクションや、フィクションと重なり合う記録の形式」を用いて表現の形式と手触りを探求するやり方）［林 二〇二〇：一五］が、本書ではとくに顕著に用いられていることである。それが、ラテンアメリカ文学で力を持ってきた魔術的リアリズム（その代表作がコロンビア人ガルシア＝マルケスの『百年の孤独』（一九六七）である）と響き合うような記述形式となり、学術的文体ではなく「おとぎ話調」で書かれることにつながっているのである。

しかし、どうして美容整形なのだろうか。おそらく日本で暮らしている読者の方々のなかには、コロンビアの女性たちが美容整形を受けていることのいったい何が真剣に議論すべきことなのか、と疑問に思われる方も多くいるかもしれない。そのような疑問は半分正しく、半分間違っている。本書を通読してわかるのは、タウシグが、「真剣に」というよりは、ときにブラック過ぎるように思えるユーモアをふんだんに使いながらこのテーマに取り組んでいるということである。このような悪ふざけは、『美女と野獣』というタイトルやおとぎ話調のスタイルにも示されている。しかし、必ずしも真剣でなかったとしても、コロンビアの美容整形には論じなければならないことがあり、それも人類学的な視点から論じなければならないことが多数含まれていることもまた間違いない。

美女と野獣という取り合わせは、言うまでもなく、ディズニー映画（やその元になった物語）に由来している。ただし、タウシグは、美しい女と醜い獣を対立的なものとしては描かない。野獣は美女によって呪いを解かれて幸せに暮らすわけではない。むしろ、タウシグは、美しさに潜む獣性と、恐ろしさを裏打ちする美しさに注目する。コロンビアにおいては、そしておそらく世界のあらゆるところで、美女と野獣はつねにすでに手を取り合って踊り続けているのである。

このような対立的に見える要素が実際には分離不可能なほどに入り混じっているのだという、極めて人類学的な指摘は、本書のなかで繰り返し登場するモチーフである。それは、一言で表すならば、モースの「全体的社会的事実」として美を捉えるということになるのだろう。存在と認識、物とイメージ、身体と物語、実用性と美しさ、排泄物と黄金、ニュースと娯楽。それらは、通常考えられているよりも容易には見分けがつかない。

本書で、タウシグは美容整形《コスメティック》を宇宙整形《コズミック》と一貫して呼んでいるが、ここには、ここで説明したようなタウシグの悪ふざけと基本的な主張の両方がよく現れている。コスメティックをコズミックと読み換える冗談のような手つきによって、美容整形は単なる物理的な身体の変形ではなく、宇宙論的な意味をもった介入であることが透けて見えるようになるのである。

このような洞察を導くために、タウシグは、マリノフスキーやエヴァンズ＝プリチャードによる古典的な民族誌や、経済やファッションをめぐる北米の現代的な状況、バタイユやベンヤミンといった二十世紀前半に活躍した大陸ヨーロッパの思想家たち、さらにはそれよりもさらに古い時代の人びとの著作を総動員する。そうすることで、十九世紀から二十世紀前半にかけてのヨーロッパの人びとの生活の変化と、二十世紀後半から現代に到るまでのコロンビアにおける変化をアナロジカルに対比しながら、コロンビアの美容整形がはらむ現代的な意義をあぶり出していく。実際、美容整形についての検討を経由することによって、タウシグが当初から検討してきた悪魔も、これまでとは微妙に異なる姿で登場しているようにみえる。

しかし、何といっても、本書で注目するべきなのは、必ずしも民族誌的に豊かとはいえないとしても、新聞記事や断片的な経験にもとづいてタウシグが描き出すコロンビアの人びとの驚くべき実践であろう。悲劇的な結末を迎える美容整形、想像を絶する暴力を生み出すゲリラや民兵、世界の身体である大地を原型がわからないほどに改変するアグリビジネス、伝説上の化け物とその背景にある植民者たちの驚くべき振舞い、使い古された切れ端をつないで作られた美しい花。これらのいずれにおいても、美女と野獣が同居している。

美の歴史について書かれた本が美文で構成されていないとなれば、笑い話にもならない。しかし、美文というのはそれだけで訳者に恐怖を与えるものである。ましてや、老練な人類学者は広範な教養を用いながら本書を書き上げている。タウシグが本書のなかで述べているように、美について考える際に大事にするべきなのは信念というよりは感情や恐怖であり、美について知ることで生活が変わってしまうのだとすれば、本書を読むという経験が私たちにもたらしてくれるのも、そのような経験であるべきである。人や物をこれまでとは同じように見られなくなる。私たちが翻訳作業を行うなかで邂逅したそのような経験を、読者のみなさんにもお届けすることができるのであれば、訳者としてこれ以上の喜びはない。

翻訳にあたっては、まず「まえがき」から「デザイナースマイル」までを上村が、「デザイナーボディ」から「靴の歴史」までを田口が、「地下世界の外科医たち」から「太った子どもと悪魔」までを浜田が下訳したのち、訳者全員がすべての章を確認し、全体の訳文を検討しながら修正を行った。フォトジャーナリストの柴田大輔さんと西南学院大学の柳沢史明先生には訳語の選択に関して、貴重なアドバイスをいただいた。また、水声社の村山修亮さんには、本書の企画を前任者から引き継いでから、きめ細やかに翻訳作業をサポートしていただいた。記して感謝する。

原著の明らかな誤植や参考文献の一部記載漏れなどについては、訳者の判断で修正加筆を行った。原著の本文で言及されているものの、註や参考文献リストに記載のない文献については、日本語訳においても基本的にはそのままとした。ただし、日本語訳作成時に参照・引用した邦訳文献については、訳注に記した。原著の参考文献のなかで、すでに日本語訳のあるものについてはなるべく確認し、文末のリストに記載した。基本的には既存の邦訳に依拠しつつ、原著の文脈や本書の表記に合わせて翻訳を調整した部分もある。

二〇二一年八月

上村淳志
田口陽子
浜田明範

参考文献

Taussig, Michael. 1980. *The Devil and Commodity Fetishism in South America*. Chapel Hill: The University of North Carolina Press.
タウシグ、マイケル 一九九六「暴力の文化、死の空間――ロジャー・ケースメントのプトゥマイヨ報告と拷問の解釈をめぐって」（大島康典・中田英樹・崎山政毅訳）『現代思想』二四巻一一号（一九九六年九月号）、一九八―二三一頁。

――二〇一六『ヴァルター・ベンヤミンの墓標』金子遊・井上里・水野友美子訳、水声社。

――二〇一八『模倣と他者性――感覚における特有の歴史』井村俊義訳、水声社。

林真 二〇二〇「マイケル・タウシグの厄払い的な記述――ナーヴァス・システム、民族誌とフィクションあるいは日記、フィクトクリティシズム」『パハロス』（エスノグラフィーとフィクション研究会）一巻、一―五二頁。

著者・訳者について——

マイケル・タウシグ（Michael Taussig）　一九四〇年、オーストラリアのシドニーに生まれる。シドニー大学で医学を学び、ロンドン大学で人類学の博士号を取得。コロンビアやベネズエラのアマゾン地域を専門とする文化人類学者。現在、コロンビア大学教授。主な著書に、『南アメリカにおける悪魔と商品フェティシズム』（一九八〇年）、『模倣と他者性』（一九九三年／邦訳、水声社、二〇一八年）、『ヴァルター・ベンヤミンの墓標』（二〇〇六年／邦訳、水声社、二〇一六年）などがある。

＊

上村淳志（うえむらあつし）　一九七五年、東京都に生まれる。一橋大学大学院社会学研究科博士後期課程単位取得退学。修士（社会学）。専門は文化人類学、ラテンアメリカ地域研究。現在、高崎経済大学経済学部非常勤講師。主な訳書に、クリス・ハン＋キース・ハート『経済人類学——人間の経済に向けて』（共訳、水声社、二〇一七年）などがある。

田口陽子（たぐちようこ）　一九八〇年、広島県に生まれる。一橋大学大学院社会学研究科博士後期課程単位取得退学。博士（社会学）。専門は文化人類学、南アジア地域研究。現在、叡啓大学ソーシャルシステムデザイン学部准教授。主な著書に、『市民社会と政治社会のあいだ——インド、ムンバイのミドルクラス市民をめぐる運動』（水声社、二〇一八年）などがある。

浜田明範（はまだあきのり）　一九八一年、東京都に生まれる。一橋大学大学院社会学研究科博士後期課程単位取得退学。博士（社会学）。専門は医療人類学、アフリカ地域研究。現在、関西大学社会学部社会システムデザイン専攻准教授。主な著書に、『薬剤と健康保険の人類学——ガーナ南部における生物医療をめぐって』（風響社、二〇一五年）などがある。

装幀——宗利淳一

美女と野獣

二〇二一年九月二一日第一版第一刷印刷　二〇二一年九月三〇日第一版第一刷発行

著者――マイケル・タウシグ

訳者――上村淳志・田口陽子・浜田明範

発行者――鈴木宏

発行所――株式会社水声社

東京都文京区小石川二―七―五　郵便番号一一二―〇〇〇二
電話〇三―三八一八―六〇四〇　FAX〇三―三八一八―二四三七
［**編集部**］横浜市港北区新吉田東一―七七―一七　郵便番号二二三―〇〇五八
電話〇四五―七一七―五三五六　FAX〇四五―七一七―五三五七
郵便振替〇〇一八〇―四―六五四一〇〇
URL : http://www.suiseisha.net

印刷・製本――ディグ

ISBN978-4-8010-0595-2

乱丁・落丁本はお取り替えいたします。

叢書　人類学の転回

非-場所──スーパーモダニティの人類学に向けて　マルク・オジェ　二五〇〇円
自然と文化を越えて　フィリップ・デスコラ　四五〇〇円
反政治機械──レソトにおける「開発」・脱政治化・官僚支配　ジェームズ・ファーガソン　五〇〇〇円
経済人類学──人間の経済に向けて　クリス・ハン＋キース・ハート　二五〇〇円
流感世界──パンデミックは神話か？　フレデリック・ケック　三〇〇〇円
法が作られているとき──近代行政裁判の人類学的考察　ブルーノ・ラトゥール　四五〇〇円
変形する身体　アルフォンソ・リンギス　二八〇〇円
暴力と輝き　アルフォンソ・リンギス　三二〇〇円
わたしの声──一人称単数について　アルフォンソ・リンギス　三二〇〇円
フレイマー・フレイムド　トリン・T・ミンハ　四〇〇〇円
多としての身体──医療実践における存在論　アネマリー・モル　三五〇〇円
ケアのロジック──選択は患者のためになるか　アネマリー・モル　三二〇〇円
作家、学者、哲学者は世界を旅する　ミシェル・セール　二五〇〇円
部分的つながり　マリリン・ストラザーン　三〇〇〇円
模倣と他者性──感覚における特有の歴史　マイケル・タウシグ　四〇〇〇円
ヴァルター・ベンヤミンの墓標──感覚における特有の歴史　マイケル・タウシグ　三八〇〇円
インディオの気まぐれな魂　エドゥアルド・ヴィヴェイロス・デ・カストロ　二五〇〇円

＊

人類学関連書

チカーノとは何か──境界線の詩学　井村俊義　二八〇〇円
市民社会と政治社会のあいだ──インド、ムンバイのミドルクラス市民をめぐる運動　田口陽子　四〇〇〇円
生きている音楽──キューバ音楽の民族誌　田中理恵子　六〇〇〇円
不信の支える信仰共同体──ネパールのプロテスタンティズムについての民族誌的研究　丹羽充　四〇〇〇円
新型コロナウイルス感染症と人類学──パンデミックとともに考える　浜田明範・西真如・近藤祉秋・吉田真理子編　三二〇〇円
ジカ熱──ブラジル北東部の女性と医師の物語　デボラ・ジニス　三〇〇〇円

［価格税別］